監修／匠英一

# しぐさで見抜く相手のホンネ



扶桑社文庫
0512

# はじめに

「他人に魅力を感じるのに必要な時間は、わずか〇・五秒——」

二〇〇七年九月、米フロリダ州立大学の心理学者ジョン・マナー氏の研究チームが、なんとも興味深い実験結果を発表しました。彼らがおこなった実験は、被験者に対して魅力的な人と平均的な人の顔写真を一秒見せたあと、視線をほかの物に移させたときのタイミングを計測するというものでした。

心理学の世界では、以前から「相手に対する判断は瞬間におこなわれる」と言われてきましたが、この実験により、その〝一瞬〟の効果がよりはっきりしたわけです。

人は瞬時に「好み」の判断をおこなうことはわかりましたが、それだけで相手の心理を理解できたことにはなりません。人は他人と会ったとき本能的に警戒心や遠慮が働き、ホンネを隠そうとするからです。しかし、人は完全にホンネを隠すことはできません。ふだんの外見、日常のしぐさ、口癖、つい出てしまうふるまいなどに、ホンネが無意識に漏れ出してしまう場合があるのです。

以前にも増してメールでのやりとりが増え、人と人との関わり合いが希薄になりつつあります。人と直接会う機会が減っている状況では、会ったとき、いかに短い時間で相手のおおよそを判断できるかが、今後の良好な人間関係を築くためにはとても重要なのです。ですから、出会ったときの一瞬を活かし、相手の外見、しぐさ、言葉、ふるまいからホンネを読み取ることが、いまの世の中を生き抜く術となるのです。

本書には、人が無意識のうちに漏らしてしまうホンネを読み取るヒントが満載されています。日々交渉にいそしむビジネスマンはもちろん、人間関係をより充実させたいと考える方に、強力なパートナーとなるはずです。

匠　英一

## 目次

# 第2章 会話中、相手がポケットに手を入れたら▼▼▼話を信用してはいけない

## しぐさ ― ホンネがさせる無意識の行動

# 第3章 「忙しい、忙しい」と連呼する人は▼▼▼他人にどう思われているか不安

## 言葉 ― 口癖に宿る、隠れた願望と不安

# 第4章 他人の悪口ばかり言う人は▼▼▼▼自分自身に不満がある

## ふるまい―ついやってしまう行動の、自覚のない深い理由

第1章

# 次々と携帯電話を買い換える人は

▼▼

# 組織に従順

# 外見

外に漏れ出す深層心理に潜む本心

# いつも折りたたみ傘を持ち歩いている人は▼▼▼▼▼小心者

同僚と外まわりの営業に出ていたところ、あいにくの雨が降ってきてしまいました。天気予報では雨とはいっていなかったし、空もそれほど暗くなかったので、傘はとくに用意していません。ところが、同僚のほうはというと、カバンから折りたたみの傘をすぐさま取り出したのです。

「天気予報では雨なんていってなかったよな?」と彼に問いかけると、「こんなこともあるだろうと、いつもカバンに折りたたみ傘を入れてあるんだ」とのこと。彼の用意のよさに思わず感心してしまいました。

このように、折りたたみ傘をつねに持ち歩くという人は、何事にも何かしらのトラブルが起こりうることを想定し、その対処法をきちんと準備しておく慎重派といえます。「この場合には、こうしよう」という対処法をふだんからシミュレーションしているので、いざというときでも冷静沈着。また、その時々で柔軟な対応がで

折りたたみ傘をいつも持ち歩く人の心の内には、些細なことまで心配しがちな深層心理が潜んでいる

## ●傘は“父親の権威”の象徴

フロイトの説によれば、「傘」は周囲の危険から自分を守ってくれる「父親的存在」。そんな傘をいつも持ち歩く人は、トラブル回避をつねに想定している慎重派であるのと同時に、じつは“小心者”ととらえることもできる。

き、しかも、細かなことにも気が付くしっかり者が多いようです。

ただ、このようなちょっとしたトラブルをも想定し、その対処法を考えているということは、些細《ささい》なことまで心配している「小心者」といえなくもありません。

精神分析の創始者フロイトの説によると、**「傘は父親の権威の象徴」**で、自分を周囲の危険から守ってくれる存在なのだといいます。その傘を毎日持ち歩いているわけですから、「慎重だが小心者」という性格は、さらに浮き彫りとなります。

一方、「折りたたみ傘では小さくて物足りない」とばかり、天気予報が雨の日に、少々邪魔くさい、あの大きな傘を持ち歩く人は、いわば「わが道をいく」タイプといえるでしょう。折りたたみ傘の利便性より、傘としての役割を立派に果たす大きな傘を選んだところからも、自分のポリシーをかたくなに守る面が見えてきます。

なお、天気予報では雨なのにもかかわらず、「何とかなるさ」とばかりに、雨が本当に降るまでは傘をもたない面倒くさがりな人は、「大胆」な性格といえそうです。まさに「雨が降ったら考える」といった、行きあたりばったりな発想をもった人です。とはいえ、往々にしてこの手の人は慎重さに欠けるものの、少々のことなら何度でも乗り切れる強さをもっているものです。

# デジタル時計をしている人は▼▼▼▼物事の細部にこだわる

初対面の人がどんな性格なのかを、もしすぐに判断できたらどんなにいいだろうと思ったことは、誰にも一度や二度はあるのではないでしょうか。

第一印象で「この人は、細かなことまできちんとしていないとダメなタイプだろう」と推測し、細部にいたるまで事細かな説明をしていたら、「もういいです」と途中で飽きられたとか、その反対に「大ざっぱな性格だろう」と読んで、ポイントだけをかいつまんで説明したら、逆に根掘り葉掘り聞かれて、あげくの果てに「そのプランでは穴が多すぎます」と言われてしまったなど、ビジネスシーンでは相手の性格に合わせた応対をしないと、交渉もうまく進んでいかないものです。

そんなとき、相手の性格のおおよその見当を一瞬にしてつけられるのが、じつは「腕時計」です。一般的に、腕時計にはアナログとデジタルがありますが、相手がもしデジタル時計をつけていたなら、その人はいつも忙しく、比較的、物事の細部にまでこだわるタイプと考えられます。

たとえば、約束の時間まであと何分かを見るとき、アナログ時計なら、ひと目見ただけで感覚的に理解できます。二時に会う約束をしていて、長針が9の数字のところにあれば、「あと一五分だな」とすぐにわかります。アナログ時計は、だいたいあと何分かを知るには非常に都合がよいのです。

しかしながら、あと何分何十何秒といったような正確さはアナログにはありません。ですから、〝だいたいの時間〟では納得できず、より正確な時間を知りたい人はデジタル時計愛用者になる確率が高くなります。

また、その人が超多忙な人ならば、秒刻みとはいかなくとも、分刻みのスケジュールで行動していることもあるでしょう。そのような人には、間違いなくデジタル時計が適しています。

一方、アナログ時計愛用者は、細部にはあまりこだわらないかわりに、全体的なバランスや調和に重きを置く傾向があるようです。

このように、腕時計一つをとってみても、意外と多くの情報を相手から読み取ることができるのです。

# 次々と携帯電話を買い換える人は▼▼▼▼組織に従順

新しい機種、さらにまた次の機種と、携帯電話を頻繁《ひんぱん》に買い換える人をよく見かけます。使いこなすのも、そう楽ではないだろうとも思ってしまいますが、当の本人はいたって満足している様子で、周囲の人に「ほら、この機能が新しいんだ」などと説明したりしています。

このように、〝新しモノ〟好きで流行にも敏感なタイプの人は、「自分は世の中を先取りしているはず」と誇らしく思っています。しかしそれは、「所属する組織に従順でありたい。周囲と足並みをそろえていたい」という気持ちのあらわれとも考えられます。

こう聞かされると、その人は「そんなことはない。自分はつねに時代の先端を行っているんだから」と反発するかもしれません。

しかし、そもそも流行に敏感だということは、テレビや雑誌、インターネットなどのメディアで「新しいモノ、流行のモノ」として報じられた情報を、「世間でいま流行している」あるいは「世間でこれから流行する」と信じていることでもあるのです。それゆえ、「早く手に入れないと、自分だけが世間から後れをとってしまうのでは……」と不安になり、前述の携帯電話のように、次から次へと新製品を買い換えるはめになるわけです。

このような心理は、自分が所属する集団への「同調性」として説明されます。集団の中で一人だけ違った行動をとることが不安なので、流行に乗ることによって集団の動きと同調した気になるのです。

この場合の「集団」とは、広く世の中全般のことを指しますが、こういったタイプの人は、その態度とは裏腹に、会社などで決められたルールにも反発せず、きわめて従順であることが多いようです。

また、**自分に自信がない人ほど流行を追いかける傾向が強い**ようです。新製品をもっていれば、人の注目を集め、その製品についての話をし、自慢することができますから、周囲の人の新製品への関心が、自分自身への関心のようにも思えて喜びを感じるわけです。そして、流行に敏感な自分だからこそ周囲からも評価が高いの

## ●“新しモノ”に飛びつく人の深層心理

**携帯の新機種が出るたびに買い換える人がいる。この手の人は、一見するとトレンドに敏感なようだが、その心の奥底には、「集団から外れまい」とする“不安感”が垣間見える。**

自分が属している集団に対する帰属意識は、心理学では「同調性」として説明される

周囲に足並みをそろえていたいという意識は、自分に自信がないあらわれでもある

だと認識し、また次の新製品を買わずにはいられなくなるのです。

ところが、これとは反対に流行嫌いの人もいます。こういった人は集団への帰属意識がやや低く、組織からはみ出た行動をとりたいと思っていることも少なくないようです。

しかし、だからといって「流行に関心がない」あるいは「まったく流行を知らない」とはかぎりません。内心では自分の感性に自信をもっていて、いまの流行よりも自分のほうが先んじていると思っていることも往々にしてあるのです。

つまり、流行を否定することによって、自己存在のアピールをおこなっているわけです。すべての流行を毛嫌いしている人は、ややもすると、気難しい人、偏屈な人などと思われがちですが、これも、自分を認めてほしいという心理のあらわれといえます。

## 靴を脱ぎっぱなしにする女性は▼▼▼▼▼貞操観念が低い

会社の新入社員たちが、とある居酒屋で同期会を開きました。とくに男性社員にとっては、気になる女性社員とお近づきになれる絶好のチャンス。期待に胸をふくらませ、みんなでワイワイ言いながら居酒屋の座敷へ上がりました。

そのときです。女性社員のY子さんは、靴をきちんとそろえましたが、もう一人のP子さんは脱ぎっぱなしで、右足のハイヒールが倒れたのも気にせずに座敷へ上がったのです。ふだんはまじめなお嬢様タイプのP子さんだけに、靴をそろえなかったことには少々面食らった男性もいたようです。

ここで、このP子さんの行動を、フロイトの深層心理から分析してみましょう。

フランスの有名な童話『シンデレラ』には「ガラスの靴」が登場します。王子が舞踏会でシンデレラが忘れていった靴をたよりに、町じゅうの女性に靴を履かせてみてシンデレラを捜し当てるというストーリーですが、ここでの靴の象徴は、なんと「セックス」。つまり、王子は自分とセックスの相性がよい女性を探していたというわけです。

このように、**靴をセックスの象徴として見立てる**ことは深層心理学ではよくあることです。とすれば、靴を脱ぎ散らかしたP子さんは貞操観念がそれほど高くない、すなわち、彼女は男性関係が奔放《ほんぽう》になりうる資質をもっていると考えられます。

さらに、この心理は靴の種類からもうかがい知ることができるといいます。

履いたり脱いだりするのが面倒な「ブーツ」を好んで履く女性は、男性に対してもガードが固いとも考えられます。足をすっぽり包んでしまいたいという心理は、「周囲から身を守りたい」という思いのあらわれともいえるからです。

水商売の世界では、デートで脱着の難しい着物を着てくる女性は「今夜のお誘い」をやんわり拒否しているといわれることもあるようですが、足を包むブーツ好きの女性も、それと同じような心理が働いているといえなくもありません。

このような「性」の象徴に着目する心理分析が必ずしも正しいわけではありませんが、〝無意識〟の働きを知るきっかけとして理解しておきたいものです。

## ●シンデレラの「ガラスの靴」が暗示するもの

フロイトの深層心理の見方には、靴を「セックスの象徴」としてとらえる分析法がある。これに従えば、童話『シンデレラ』では、ガラスの靴にピタリと足が合う女性は“王子とセックスの相性がいい女性”となり、その彼女こそがシンデレラ本人ということになる。

シンデレラのガラスの靴が暗示するものとは、女性の「処女膜」そのものだともいわれる

# 机に人形などの私物を置いている人は▼▼▼▼仕事の責任感が強い

よく、「机の上を見れば、仕事がデキるかどうかがわかる」といいます。たしかに、机の上がきれいな人は几帳面な性格といえ、そのような性格は、仕事をするうえでは、「正確」「ていねい」「納期厳守」といったようなメリットも多いでしょう。

ところが、この法則はすべての人にあてはまるのかというと、一概にはそうともいえません。机の上はいつもゴチャゴチャなのに、仕事となるときっちり細部まで抜かりなく仕事をする人もいますし、その一方で、机の上は整理整頓されているのに、作成した書類は誤字だらけという人もいます。

結局、机の上を見ただけでは、その人の仕事ぶりを判断することはできないといった結論が導き出せることになりますが、机の上に「私物」をよく置いている人に関しては、もう少し確かな判断ができそうです。

たとえば、同じ部署のA子さんは、自分の机の上に好きなタレントの写真を貼ったり、かわいらしいマスコットを置いたりしています。自分の机の上だけとはいえ、あくまでここは会社です。少々やりすぎではと思ったりもしますが、こういうＡ子さんのようなタイプは、意外に仕事をきちんとこなしていることが多いのです。

机の上に**私物をよく置く人は、そこを〝自分だけの空間〟と認識**していて、自分だけの空間を少しでも心地よいものにしようと努力した結果が、私物を大量に置くという行為につながったわけです。

そうすると、「それじゃ、自分の部屋と勘違いしているということじゃない？」という声も聞こえてきそうですが、それはちょっと違います。

Ａ子さんは自分だけの空間を快適にすることで、仕事の効率をよくする努力をしているのです。「自分だけの空間」とは、いわば自分の縄張りのようなものですから、この縄張りを守るための努力も怠りません。したがって、会社内では仕事を熱心におこないますし、自分だけの快適な空間もありますから、大きなストレスを感じず適度にリラックスして仕事ができ、ミスも少なくなります。

程度の差こそあれ、周囲に迷惑がかからない程度の机の上の私物に関しては、少々大目に見てあげたほうが得策といえるかもしれません。

# 化粧がキャバ嬢のようにハデな女性は
# ▼▼▼▼女の自分に自信がない

週末の夜、以前から楽しみにしていた合コンに出かけたら、集まった女性たちが全員やたらとハデな化粧をしています。まるで、テーブルの向こうにキャバクラのおネエさんたちがズラリと並んでいるかのようで、ちょっと引き気味になってしまいました。こんなときには、こちらはいったいどうふるまったらいいのでしょうか――。

化粧や服装がハデだと、その女性の性格までハデに見えてしまうものです。「この子はさぞかし遊んでいるんだろうな」とか「つまらない話をしたら、鼻先で笑われるんじゃないか」などと思い、初対面では少なからず気後れしてしまうのも無理はありません。

しかし、外見にあらわれる女性の心理はそう単純なものではなく、じつは、彼女たちはごくふつうか、むしろ内気でシャイな性格かもしれないという推測もできるようです。

アメリカの心理学者フィッシャーの説によると、**自分と他者の境界を不安に思っている内向的な人ほど、他者から注目される装いをする**といいます。つまり、自分と他者との関係に自信がないために、かえって人目を引くようなハデな化粧をし、境界のハードルを高くしているというのです。

ですから、前述の合コンの場合も、見た目と内面のギャップに気が付いていれば、ハデな化粧だけに目を奪われることなく、お互い自然に接することができるようになるはずです。

また、**内向的な女性ほど、ハデな化粧をすると他者に対して積極的になる傾向**があるといいます。化粧を濃くすると素顔が隠れてしまいますが、自分に自信のない女性は素顔を隠すことにより、ようやく思うような行動をとることができるわけです。

とくに合コンなどの場合は、女性のほうも男性に対して期待し、それなりに緊張もしていますから、いつにもまして化粧を濃くしがちです。しかも、一緒に出席する友人たちがみなハデな化粧をしていれば、さらにそれがエスカレートすることになります。

ハデな化粧とよく似た役割をするのが、ブランド品です。高価なブランド品を身につけることによって、自分に足りない部分や欠けている部分が埋められ、周囲から一目置かれたような気分になるのです。

ですから、ブランド物の服飾品などをたくさんもって、それを周囲にアピールするような人は、プライドが高そうに見えて、じつは劣等感の塊のような人であることが多いわけです。

いつもハデな化粧をしている女性は、すっぴんの顔を見られることを嫌がりますし、ブランド品の好きな人も、それを身につけずにいるときには自信のない不安な思いでいるはずです。

こうしたタイプの相手と接するときには、見た目で判断したりせず、化粧やブランド品の裏側に隠された、本当の〝素顔〟を見つめるように意識するとよいでしょう。

# フィギュアなどの収集癖のある人は▼▼▼▼欲求不満の持ち主

「今度の土曜日、うちに遊びに来ないか?」と部長に誘われました。彼は有能で人柄もよく、人望のあつい人です。もちろん、わたしを含めた部下たち数人は手みやげをもって、部長の家を訪問することにしました。

そして当日、「やあ、よく来たね!」と迎え入れられた応接間の壁際には、なんと怪獣のフィギュアがズラリと並んでいるではありませんか。

さらに部長は「こっちも見てくれよ!」と、びっくりしているわたしたちを自室に案内すると、今度は部屋じゅうに積み上げられたアニメのフィギュアを披露し、説明をしはじめました。お茶を運んできた奥さんも、すでにあきれ顔。ふだんの姿からは想像もできない部長の意外な一面に、わたしたち部下はただぼう然とせざるをえませんでした。

世のコレクターたちが集めるものは、じつにさまざまですが、模型や切手といった定番モノはもちろん、腕時計やブランド品といった高価なものでも、周囲の人が「どうしてそこまで?」と首をかしげるほど、コレクターたちは次々にコレクションを増やしていきます。腕時計でも、実際に腕にはめて使用するのではなく、それを集め、並べて眺めるのが彼らの喜びなのです。

そんなコレクターたちは、自らの収集のために、ぼう大な時間と費用をかけていきます。それだけの情熱があるのなら、何かほかのことでもしたらいいのにとも思ってしまいますが、余人にははかりがたいのが、そもそも〝コレクター心理〟なのです。

心理学では、本来の目的がかなえられないときに、それに類した代わりのもので自分を満足させようとする行為を、「代償行動」と説明しています。

高級外車が欲しいけれど、とても無理なので国産の中古車に乗っている。恋愛に憧れても相手がいないから、テレビドラマや映画の中のラブロマンスに熱中する。こういった行為も、代償行動といえます。

これは、自分の欲求を一〇〇パーセント満たしてくれるものではありませんが、不満や緊張からはある程度解放してくれますから、わたしたちの日常生活の多くの場面で見られます。

このように、本来の欲求と似たものならば周囲の人にも理解しやすいのですが、何かに**憑《つ》かれたように物を集めるコレクターの場合は、代償行動では埋められなかった欲求を、次々と物を集めつづけることによって解消しようとしている**のです。そして、それでもなお完全には満足できず、さらなる収集に走ってしまうという悪循環に陥っているわけです。

怪獣フィギュアを集めている部長も、会社内で有能な人間としてふるまっているうちに蓄積されたさまざまな不満を、コレクションという行為によって解消しているのかもしれません。

収集癖のある当の本人は気が付いていないのかもしれませんが、コレクションも、心のバランスを保つための対処法の一つといえるのです。

## ヤセ型の人は▼▼▼▼控えめで人間嫌いの傾向

人事異動でやってきた課長は、スリムで長身というスタイルのよさに加え、温厚で物静かなタイプとあって、女性社員たちの注目の的。一人だけ「わたしはああいうタイプは苦手」という社員もいましたが、そのうち何カ月か経ち、新しい課長の性格もだいぶ周囲に知られるようになりました。

ただ、当初と違い、「神経質すぎ」「まじめだけど、自分のことばっかり」などと、女性社員の評判はあまりよくありません。「わたしは苦手」と言っていた社員は、「ほらね、ああいう体型の人って、そうなのよ」と一人うなずいています。

わたしたちは往々にして、体型で人の性格を判断することがあります。ヤセている人は「神経質」、太っている人は「陽気でおおらか」といった具合です。

このように、体型による性格分類をしたのはドイツの精神病理学者クレッチマーです。彼の説によると、性格には三つの類型があるといいます。

## ●体型を見ればその人の性格がわかる

精神病理学者クレッチマーは、人の体型と性格の関連性に着目し、ヤセ型は「控えめでまじめ・分裂気質」、肥満型は「社交的だが臆病・循環気質」、筋肉型は「几帳面で頑固・粘着気質」と分類している。

ヤセ型の人は、まじめで落ち着いているが、他人との関わりを敬遠する傾向が見られる
肥満型の人は、明るくてユーモアのある性格だが、気が弱くて感情の起伏も激しい

①**ヤセ型の人は、物静かで控えめ**、まじめで落ち着きもあるが、神経質で臆病なところがあり、人との関わりを嫌う傾向がある。

②**肥満型の人は、明るく社交的で親切**。活発でユーモアもあるが、気が弱く、感情の起伏が激しくなることもある。

③**筋肉型の人は、礼儀正しくて几帳面**。エネルギッシュで粘り強いが、頑固で融通がきかない面があり、突然怒り出すこともある。

これら三つの類型は、一般的にいわれている、体型による性格のイメージとほぼ一致しています。もっとも、これらの性格は、どれがよくて、どれが悪いというものではありません。神経質だといわれている課長も、もう少し柔軟性をもち、部下と交流をもつようにすれば問題ないでしょう。

また、人の性格は複雑なもので、体型から単純に判断することはできません。ヤセていても陽気でのんびり屋の人、太っていても几帳面で折り目正しい人、筋肉質でも神経質で人付き合いが苦手な人など、クレッチマーの分類にあてはまらない人を自分の周囲にいくらでも見つけることができるはずです。彼の分類法は、あくまで一つの見方。人は外見だけでそう簡単に判断できないからこそ興味深いのです。

# 制服より地味な服を着ている女性は▼▼▼▼好き嫌いを言わない

入社したときから気になっていた彼女を、やっとデートに誘うことができました。ワクワクしながら駅で待っていると、やってきた彼女はちょっと地味な服装をしています。女の子がデートするときのファッションとはとても思えず、会社での制服姿よりもっと目立たないほどです。

「彼女は僕とのデートに乗り気ではないのかも……」。彼は、少し心配になってきました――。

会社での、彼女のふだんの様子を考えてみてください。もともとおとなしく、自分をあまり主張しない引っ込み思案な性格ではないでしょうか。

**比較的地味な服を好んで着るタイプの人は、内向的性格の持ち主が多い**ようで、感情をあまり表に出さずにとても思慮深いのですが、やや積極性に欠ける傾向があります。

しかし、この手の人は物事をよく考えてから、粘り強くていねいに事を進めようとしますし、仕事についても、綿密で正確さを求められる分野を得意とする美点もあるようです。

また、このタイプの人は、**人付き合いについては多少なりとも苦手意識をもっており、非社交的**なところがあるので、外部の刺激から自分を守ろうとするための警戒心が強く、誰とでもすぐ親しくなったりはしません。彼がやっとデートに誘うことができたというのも、彼女には気軽に声をかけにくい雰囲気があったからだと考えられます。

スイスの精神分析医カール・G・ユングは、**内向的な人は、関心が自己の内部に向かいがち**で、ちょっとしたことでも考え込むという特徴があると唱えています。おそらく彼女も、はじめてのデートに着ていく服について、鏡の前であれこれ迷ったのではないでしょうか。

そして、「あまりハデだと、はしゃぎすぎみたい」と、少々地味なものを選んで着てきたのかもしれません。

ですから、彼女はべつに、デートに乗り気でないというわけではありません。内

## ●地味めの服を着る人の性格傾向

精神分析医カール・G・ユングの分析によれば、地味な印象の服を好む傾向のある人は、その行動面において、やや消極的な面が見られるという。ただ、この手の人は粘り強く物事に対処し、親身になって相談に乗ってくれるという美点もある。

内向的な人は、相手と親しくなればなるほど、性格的なよさをどんどん表面化させるようになる

向的な性格の人ほど、自分の好き嫌いについてはっきりしない態度をとることが多いのです。

しかし、だからといって、**心の中にズケズケと踏み込んでいくと拒絶**されてしまいます。こういう人は頑固な一面ももっており、一度嫌だと思ってしまうと、それを変えさせることは難しいのです。

しかも、**人間関係においてはとくに受動的**なので、こちらが待っているばかりでは、いつまでたっても親しくなれません。ただ、急いで親密になろうとはせず、相談相手になるつもりで、時間をかけてゆっくり打ち解けられるようにしてあげるといいでしょう。

ただ、うれしいことに、いったん仲良くなると、内向的な人の美点はどんどん表面化してきます。**相手のことに気をつかう誠実で心やさしい人が多い**ので、付き合いは長つづきするはずです。

## 夫に結婚指輪をはめさせる女性は▼▼▼▼束縛されたい願望が強い

昨今は、男性にも結婚指輪をはめている人が多くなりましたが、ある新婚夫婦の仲が険悪になった原因は、その結婚指輪でした。

ある朝、夫が結婚指輪を洗面所の鏡の前に忘れ、指にはめずに出勤していきました。すると妻が、「わざと忘れたんじゃないの？　会社には女性もたくさんいるでしょうから……」と嫌味なことを言ってきたのです。「そんなことないよ」と言いつつ、その日はなんとか丸くおさまったものの、夫はそれまで指輪をすることには不慣れだったので、その後、また指輪を忘れてしまいました。

しかし今度は、妻は本気で怒りました。夫が「浮気をするんなら、わざわざ洗面所の前なんかに置かないよ」と言っても、彼女はまったく聞く耳をもちません。「こんなことで嫌味を言われたりするのか？　そういえばあいつは前から嫉妬《しっと》深かったなあ」と、夫は結婚が失敗だったかもしれないと考えるようになりました。

妻は妻で、夫がそう考えているのを察すると、「もう愛が冷めたんだわ」と、ありもしない浮気を疑い、あれこれ詮索をはじめました。いまや夫は、「どうせ疑われてるんなら、本当に浮気をしてやろうか……」とも考えているようです。

結婚指輪は愛の証明であると同時に、「わたしは結婚しています。配偶者以外とは愛し合ったりしません」という周囲へのアピールでもあります。浮気を繰り返す人は、指輪の存在など、ただのタテマエだと思っているかもしれませんが、一般的には「束縛の象徴」としての役割があるといえるでしょう。

結婚とは、社会に祝福され、認められた関係ですから、指輪の役割を強く信じている人は、社会的な規範や常識に忠実な傾向があるようです。そして、夫に結婚指輪をはめさせようとする女性は、夫も自分と同じように考えることを望む傾向があります。もともと、**指輪やブレスレットやネックレスなど、体につけるアクセサリーを好む人は、束縛する・されたいという願望が強い**とされているのです。

夫に結婚指輪をはめさせたがる女性は、自らも指輪を大切にし、夫の指輪にも「わたしはこの人を独占しています」という意味をもたせます。ですから、たまたま夫が指輪を忘れた場合、愛情が欠如したかのように感じて不安を抱くわけです。

## ●結婚指輪は“束縛”の象徴

結婚指輪は、結婚相手に対する「愛の証」であることはいうまでもない。しかし、その一方で、相手に対して「浮気は厳禁！」とアピールしていることでもある。

結婚指輪の役割を強く信じる人ほど、指輪をはめないと「愛が欠如」したかのような不安感を抱いてしまう

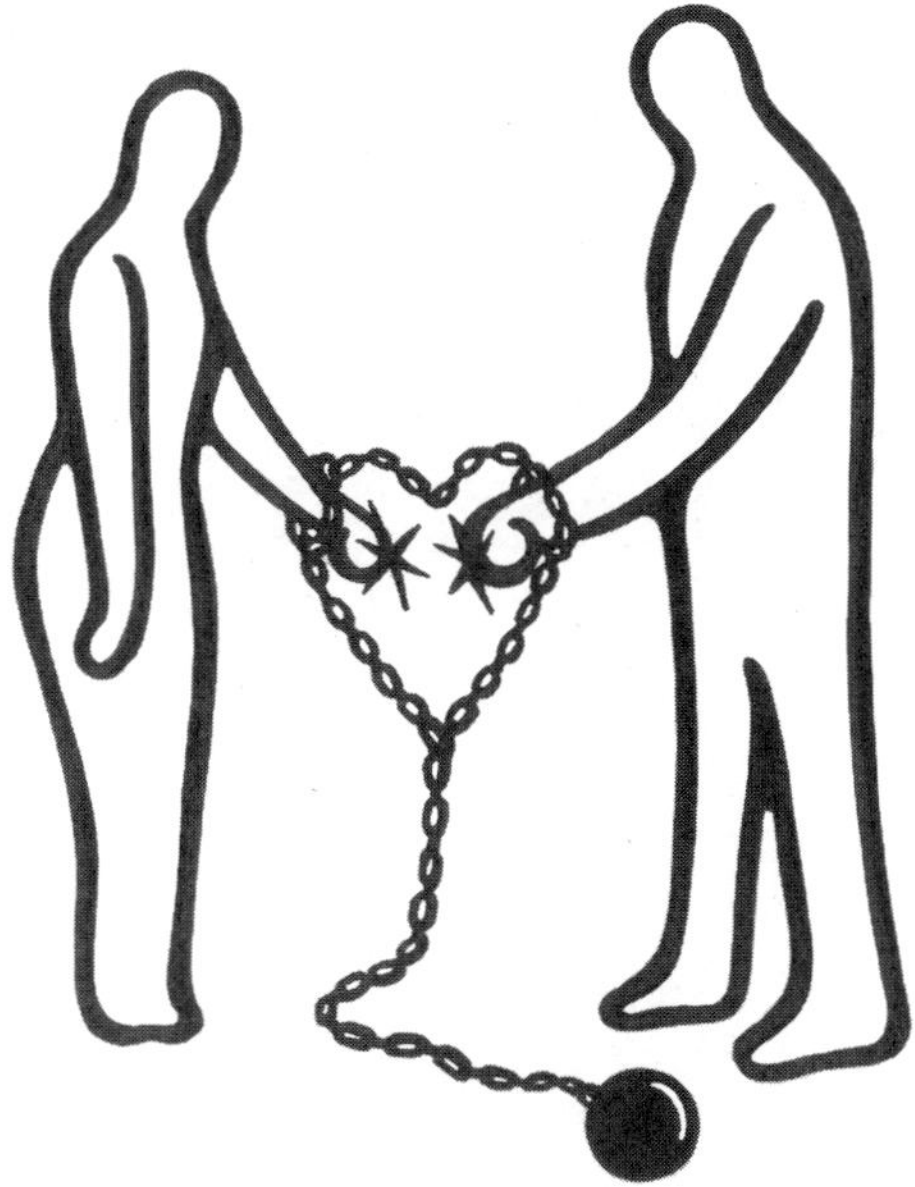

# 赤いクルマに乗りたがる人は ▼▼▼▼「外向的な人」願望が強い

人は、好きな色を身につけたり、その色の持ち物をそろえたりするものですが、たとえば赤は、太陽の色、炎の色であり、情熱的でエネルギッシュ、そして、よく目立つ外向的なイメージがあります。実際、赤を好む人は、陽気で前向き、華やかなことが好きで自信に満ちていることが多いようです。

また、好きな色というのは、ただ自分が好む色というだけではありません。色彩心理学によると、自分が他人にこう見られたいというイメージの色を、好きな色だと思って公言したり、身につけたりすることもあるようです。

アメリカの政治家は、よく赤いネクタイを締めて議会に出席したり、演説をします。日本の政治家が締めているような黒みがかったえんじ色ではなく、やや朱の混じったような鮮やかな赤です。ダークスーツに赤い色のコントラストは強烈で、非常に人目を引きますが、これは「パワータイ」と呼ばれ、自分に力があり、積極的で覇気に満ちていること、チャレンジ精神が旺盛で、困難にあってもくじけないことを示したいときに身につけるとされています。

わたしたちも、色彩を使って自分を演出することがあります。ふだんは地味なスーツばかりでも、休日には赤い色のウエアでスポーツを楽しむなど、誰もがほとんど無意識のうちにおこなっている行為でしょう。

さらに、多くの人が色彩の選択をはっきり意識し、頭を悩ませるのが、車を買うときです。車はやはり高価ですから、色が気に入らないからといって簡単に買い換えることはできません。小さな持ち物とは違い、車の色は広い面積に及んでいますし、洋服のように、シチュエーションによって着替えるわけにもいきません。一度買ったら、当分はその色と付き合っていかなくてはならないのです。

ですから、車の色を選ぶときは誰もが慎重になり、その結果として、持ち主の性格がよく反映されるといわれます。オーストラリアのオンライン自動車雑誌「シー・バイズ」では、赤い色の車を選ぶ人は、エネルギッシュで外交的な性格をしている、もしくはそう見られたがっているとされているそうです。

# 青い服を着ている人は▼▼▼▼「落ち着いた人間」と思われたい

デートのときは、どんな服を着て行こうかとあれこれ悩むものです。ましてや、はじめてのデートならなおさらです。

彼女は、同僚の彼との初デートの日、明るく健康的なイメージにしたいと思い、淡いオレンジ色のワンピースを着ていくことにしました。待ち合わせ場所にやってきた彼のほうは、青いシャツを着ています。休日に会うのははじめてなので、会社で見慣れたスーツ姿とはずいぶんイメージが違います。彼は、どんなつもりで青いシャツを選んできたのでしょうか——。

色彩心理学によると、**着ている服の色は、そのときの気分や心情を伝えようという心理のあらわれ**とされています。彼女は、自分がこんなふうに見えたらいいなと自覚しながら淡いオレンジ色を選びましたが、彼のほうは意識的になのか、あるいは無意識的になのか、いずれにせよ青い色を選んできました。

## ●「青」は心を落ち着かせる色

色彩心理学において、青い色は「精神を安定させる色」と確認されている。これは、エネルギー代謝を抑制したり、副交感神経に作用して血圧を下げたりするといった生理的効果が、青という色にあるからとされる。

晴れた空の色は「青」。“空を眺める”という行為も、心を落ち着かせる意味合いが大きい

この**青い色は、「精神を落ち着かせる色」**と考えられていて、晴れた空や穏やかな海の色であり、淡い青はさわやかな印象を、濃い青は知的な印象を与えます。青い色の照明下で脳波を調べると、α《アルファ》波がよく出ているとの実験結果もあります。

また、エネルギー代謝を抑制させ、副交感神経に作用して血圧を下げたり、ホルモンの分泌を抑えるといった反応も確かめられていますし、呼吸数や心拍数を少なくし、体温を下げるという報告もされています。

「理性」や「安定」をあらわす青い色を好む人は、物事を客観的にとらえて自分の感情をコントロールできるタイプが多いようです。このタイプは予測や計画を立ててから実行に移すので、することが着実で頼りになる人だと周囲に思われやすいという利点もあります。ただ、場合によっては冷静すぎたり、感情をあまりあらわさないので、冷たい、とっつきにくいと思われることがあるかもしれません。

はじめてのデートに青いシャツを着てきた彼は、理性的で落ち着いた性格か、もしくはそう思われたいと考えている可能性があります。ですから、彼がそういう性格、あるいはそうありたいと思っていることを認識しながら付き合うようにすれば、二人の関係はさらにうまくいくのではないでしょうか。

# 冬でもサングラスをかけている人は▼▼▼▼自己防衛意識が強く、気弱な人

サングラスは、夏、まぶしさを軽減したり、紫外線をカットしたりするためにかけるものですが、なかにはなぜか四六時中かけている人もいます。

これはいったいどういうことなのでしょうか。

もちろん、コワモテなお兄さんがサングラスをかけ、相手に威圧的な印象を与えようとしているケースもあります。しかし、**サングラスで目を隠すことは「相手に自分の感情を読まれたくない」という意識**が働いているからでもあります。

咄嗟《とっさ》にウソをつく場合など、口ではスラスラと言葉を並べながらも、つい目がおどおどしたり、目をそらしてしまったりすることはないでしょうか。

「目は口ほどにものを言う」ということわざがありますが、目を見つめられると、相手に自分の心の中を見透かされているような気がして、なぜか不安に陥《おちい》ってしまうのです。

このことに関連して、アメリカでは、緊張して話がうまくできない人にサングラスをかけさせると、うまく話ができたという実験結果も出ているそうです。

では、なぜうまく話せるようになったのかというと、サングラスで目を隠すことで自分の本心を相手に見せず、**一方的に相手の心の中をのぞくことができる**からです。つまり、心理的優位に立って大胆になり、心に余裕が生まれるわけです。

それは裏を返せば、いつもサングラスをかけている人は「自分をさらけ出したくない」「自分の弱みを見せたくない」という自己防衛意識が強い人で、対人関係に不安がある人といえるでしょう。

また、相手より優位に立ちたいという願望の奥には、「劣等感」があるとも考えられます。

サングラスはこうした自分の不安を包み隠し、強い自分に変身させてくれる頼もしい〝仮面〟のようなものなのです。

ですから、初対面の人がサングラスをかけていたとき、いたずらに怖がったり、とっつきにくいと引いてしまうことはありません。

じつは、その相手は案外気弱な人である可能性もあるのです。

## ●サングラスをかけることによる心理的効果

基本的に、サングラスをかけるのは太陽光のまぶしさを軽減させるためだが、サングラスをかけると相手に自分の目を見られずにすみ、そうすることで、自分の不安感を軽減させて堂々とふるまえるようになるという効果もある。

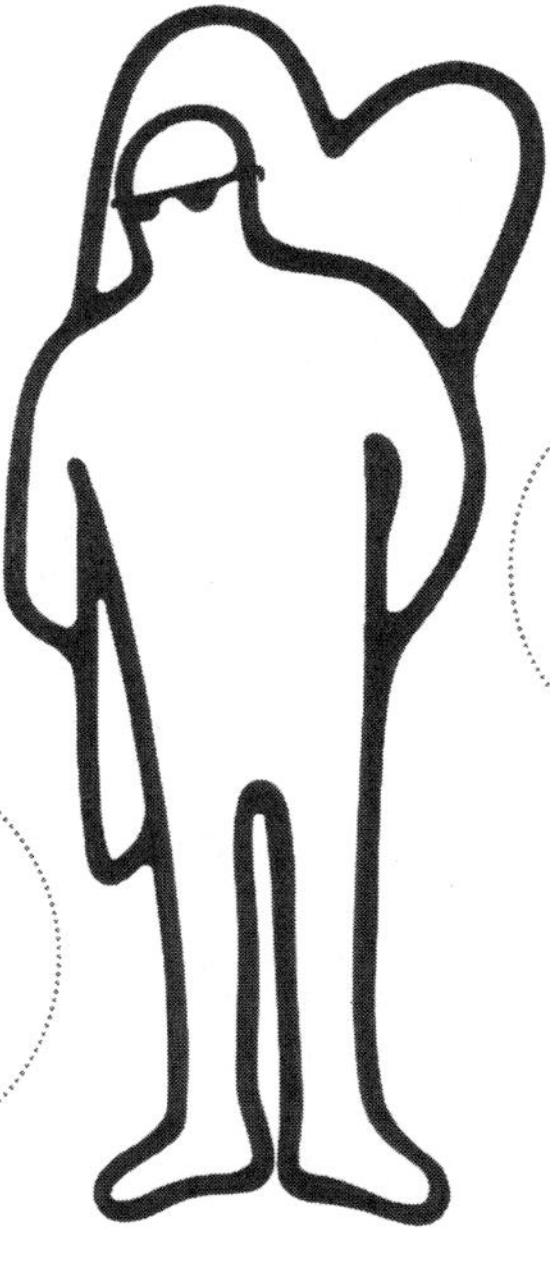

サングラスは、自分の本心を相手に見せたくないという「自己防衛意識」を暗示するアイテムの一つ

サングラスをかけている人は、じつは“怖い”人ではなく“弱い”人である可能性も高い

## サラリーマンでヒゲを生やしている人は▼▼▼▼自信のなさを隠したいあらわれ

これまで、ヒゲは不潔なものと敬遠されることもありましたが、最近では、人気スポーツ選手や芸能人でヒゲを伸ばす人も増えてきました。

ただ、彼らのヒゲは、オシャレ効果をねらった、きちんと手入れされたものなので、とても格好よく見えます。それゆえ、「自分も彼らのように見られたい」という心理が働き、一般の男性の中にもあくまでファッションとしてヒゲを生やしている人をよく見かけるようになりました。

しかし、ふつうのサラリーマンでヒゲを生やしている人は、まだまだ少数派といえるでしょう。ヒゲを生やして出社しようものなら、上司から「キミ、客の手前もあるから剃りなさい」と注意されるのがオチだからです。

その点、芸術家などでヒゲをたくわえている人が多いのは、それが個性の一環であり、また、「自分はサラリーマンとは違う」という、自己主張のあらわれともい

## ●ヒゲは“威厳・包容力”の証

古来より、男性が生やすヒゲは身分の高い者、一般的にいう“偉い人”の象徴ともいえるものだったが、心理学的には、そのウラにあるのは「自分を強く見せたい、本当の力を誇示したい」という願望であるとされる。

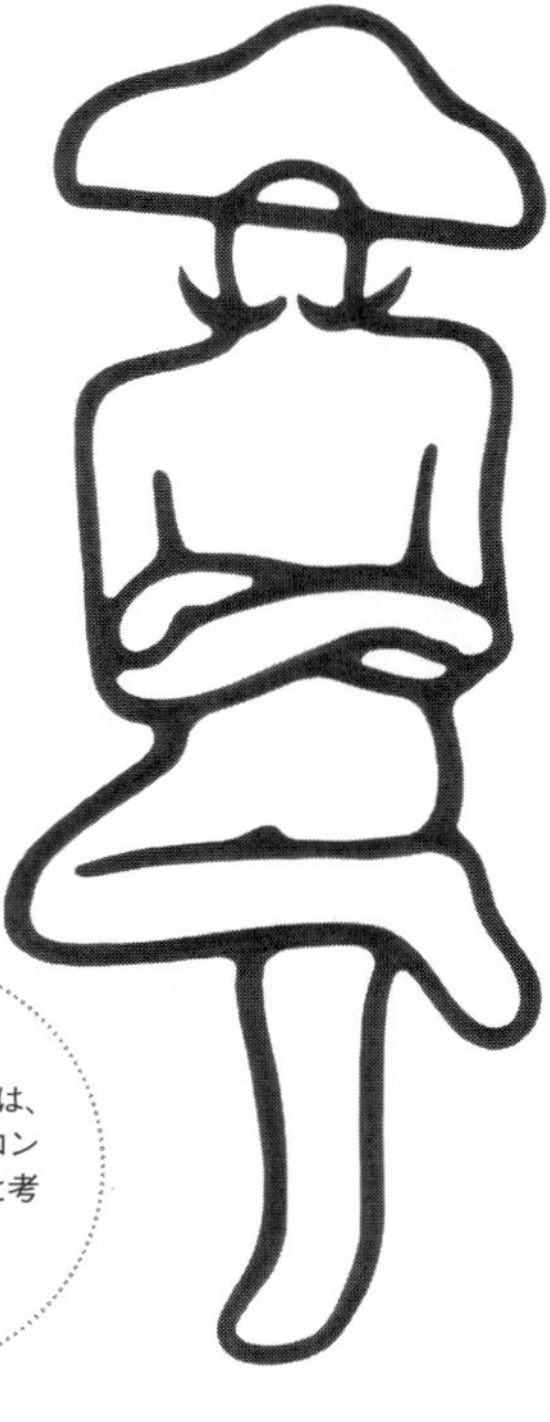

ヒゲを生やす人には、何かしらの心理的コンプレックスがあると考えられる

えます。

一方で、ヒゲというものは、男性のもつ深層心理にも根ざしているようです。

古来より、王や政治家たちが立派なヒゲをたくわえることはよくありました。それは、**ヒゲが「威厳・包容力の証」**であったからです。

ヒゲをたくわえた古今東西の王や将軍たちの写真や肖像画を見てもわかるように、ヒゲを生やすと男らしく、強いイメージになります。ヒゲは貫禄を見せつけるためのアイテムともいえるのです。

それは「自分を強く見せたい」という願望のあらわれであり、逆にいえば、その奥には何かしらのコンプレックスがあったり、自信のなさを抱えていたりしているとも考えられます。そんな自分を覆い隠そうとして、また、それを払拭しようとしてヒゲを生やしているわけです。

実際、ヒゲを伸ばしはじめたきっかけは、「転職など、何か人生の転機に」という人も多いようです。

決意を新たにという気持ちと同時に、自分の不安な気持ちに自ら喝を入れる思いが無意識のうちに働くのかもしれません。

# ローファーを履いている人は▼▼▼▼かなりせっかちな性格

就職活動ではじめて会社訪問することからはじまり、社会人になるといろいろな人との出会いが多くなります。就職して配属が決まると、まず上司や先輩社員との出会いがあります。また、先輩社員に連れられて、取引先にあいさつまわりに出かけることがあるかもしれません。

そんなとき、初対面の相手には、ついヘアスタイルや化粧、身につけているネクタイ、言葉づかいや立ち居ふるまいなどに目がいき、そこから人柄を読み取ろうとしてしまいます。もちろん、それを承知でこちらも居ずまいを正して接することになるのですが、意外に見落としがちなのが「靴」です。

服やヘアスタイルに気を配っても、靴にまでは気がまわらない人はけっこう多いのです。ホコリでくすんでいたり、踵《かかと》がすり減ったままだったりというのはもってのほかで、いくら身なりを整えていても、靴がオシャレでないのはビジネス上でもマイナス要因になりかねません。**靴がスーツとコーディネートされ、手入れが行き届いている人なら、バランス感覚にすぐれた、頼れる相手**でしょう。

さらに、その人が履いている靴の選び方でも性格を読み取ることができます。

たとえば、履いたり脱いだりするのが簡単なローファーを履いていたら、その相手はせっかちな人かもしれません。約束の時間をきちんと守るといった几帳面なふるまいを重視して接すれば、よい人間関係が築ける可能性が高くなります。

また、紐なしで黒以外の茶色などの靴であれば、自己顕示欲がやや強いものの、要領がよく、アイデアマンの一面を備えた人物とも考えられます。

オーソドックスな黒の紐付き靴を好む人は、落ち着いた大人の感覚をもった人。過程から結果までを予測し、計画的に物事を運びますが、上昇志向もかなりのものかもしれません。

こうした隠れた性質を読み取れば、初対面の相手とも話が運びやすくなりますし、同じ会社の人間として付き合っていくときや、仕事相手としての人間関係を深めていくときなどに、参考になるでしょう。

# 第2章

# 会話中、相手がポケットに手を入れたら
▼
▼
# 話を信用してはいけない

# しぐさ

ホンネがさせる無意識の行動

## 「信じて！」とジッと凝視する彼女は▼▼▼▼ウソをついている

彼女の部屋で、二人仲よくテレビを見ていた土曜の夜のこと。テレビの前のテーブルに置いてあった彼女の携帯電話が、突然鳴り出しました。土曜の夜、しかもけっこう遅い時間です。「出ないの？」と彼女に聞くと、「どうせまたA子のグチを聞かされるだけだからいいの」と言って、電話に出ないのです。

しかし、ただそれだけのことなのに、なぜか彼女の態度には違和感がありました。そこで、彼女がトイレに立ったとき、よくないことと知りつつも、彼女の携帯の着信履歴を確認してみると、そこには男性の名前がありました。

そして、戻ってきた彼女に「この男は誰？」と問い詰めたところ、「会社の上司よ。休日でも仕事の指示を出してくるから困ってるの」と彼女は答えたのです。さすがに疑問に思い、「そんなはずないだろう？　本当のことを言えよ」と迫ったのですが、「わたしのことを信じて！」と、彼女は真剣なまなざしで訴えてきました。

## ●“凝視”する女性のホンネ

心理学者Ｒ・Ｖ・エクスラインらの研究によれば、女性はウソをつくとき、相手の目をジッと見つめる傾向があるという。これは「本心を悟られまい」とする意識に裏付けされた、女性独特のしぐさともいわれている。

男性の場合、ウソをつくときには相手と目を合わせないという傾向がよく見られる

彼女の目は自分をジッと見据えたままで、視線をそらそうとしません。彼女の答えには釈然としないものの、彼女の目を見ていると、とてもじゃないがウソをついているようには思えず、やがて仲直りしたのでした——。

じつは、このような状況の場合、彼女がウソをついている可能性を疑わざるえなくなります。男性の感覚からすると、ウソをついているときには自然と相手と目を合わせないようにするものですが、その場合、男性と女性とでは、しぐさがまったく異なったものになります。

心理学者R・V・エクスラインらの研究によると、真実を隠そうとするあまり、**女性はウソをつくときに相手の目をジッと見つめるという「凝視」をする傾向**があるそうです。

たしかに、女性の潤んだ瞳で凝視されると、「とてもこの人がウソをついているとは思えない」という気になってしまうものです。この凝視という行為は、相手が男性の場合だけでなく、女性同士の場合でもおこなわれます。

もしあなたが、彼女との会話中にいつもジッと見つめられているとしたら、それはあなたへの熱い思いのせいとはかぎらないかもしれません……。

# まばたきが多くなったときは▼▼▼▼隠し事をごまかそうとしている

ビジネスマンであれば、商談がなかなかうまく進まないときなどに、その突破口として「相手の本音をその場で知ることができたらいいのに」と思う人も多いでしょう。じつは、そういうときには相手の「まばたきの数」をチェックしてみるのも一つの手です。

たとえば、複数の相手と交渉をしている最中、話が核心に迫っていくにつれ、相手の一人がやたら目をパチパチとせわしなくまばたきしていることはないでしょうか。

もし、そんなしぐさを目にしたならば、あなたはその人に狙いを定めてさりげなく観察し、そこから相手の本音を推し量ることで、交渉を有利にもっていけばよいのです。

というのも、まばたきの回数が増えるのは単なる緊張のあらわれの場合もありますが、えてしてそういう人には臆病な性格の人が多く、不安な心境を表に出しやすいからです。

まばたきの回数で相手の本音を知るためには、いつどういう状況で回数が増えているのかを見きわめることがポイントになります。

もしも商談相手が、あなたが話している最中にまばたきの回数が多くなるのであれば、話の内容が当初の予想と異なり、「どうしよう……」と不安に思っていると考えられます。

たとえば、相手が想定していた金額とあなたの提示した金額にかなりの隔たりがあるようなケースでは、相手のまばたきの回数は往々にして増加傾向となるはずです。

一方、相手が話しているときにまばたきの回数が多くなるような場合は、何かをごまかしているのか、あるいは、本音を隠している可能性も出てくるので注意が必要となります。

また、まばたきの回数が増えるのと同時に、手をポケットに隠したりするなどの行動があれば、たとえば商品に欠陥があることを隠していたり、何かウソをついていると考えてよいかもしれません。

このまばたきに関しては、なんとアメリカの大統領選でも重要視されているといいます。じつは、ブッシュ大統領はまばたきの回数を激減させることで、二〇〇四年の選挙戦を制したといわれているのです。

ストレス問題を研究しているアメリカの心理学者、ボストン大学のジョセフ・テッチ教授によると、**まばたきの回数は精神的安定度の一つの指標**となり、回数が多すぎるとテレビ討論会などでは視聴者に不安感を与えて落ち着きがないという印象を与えてしまうそうで、一九八〇年以降のアメリカ大統領選では、二〇〇〇年を除き、まばたきの回数が多かったほうの候補が落選しているという分析結果も出ているようです。

「アメリカ大統領選にまで影響を与えるとは、まさに「たかがまばたき、されどまばたき」といったところでしょうか。

# 商談のとき左上を見上げる人には▼▼▼▼イラストを多用した資料を用意

Aさんは学生の面接にいそしむ某企業の面接官です。ある日の面接でのこと、彼は一人の学生に、学生時代に励んできたことについて質問しました。

その学生は、サッカー部で頑張ってきたことを切々と述べました。面接マニュアルの鉄則どおり、顔はこちらを向けてはいるものの、時折左上を見上げるようなそぶりをしています。

次に、「いつも日曜日には何をしていますか?」と質問しました。学生は、今度は時折右上を見上げながら、映画鑑賞をしたり、読書をしたりしてすごしていると答えました――。

このときAさんは、サッカーについての話は本当のことだが、日曜日のすごし方については作り話だろうとおおよそ判断しました。

では、いったいなぜ、Aさんはその話の真偽を推し量ることができたのかという

## ●目線の方向で相手の考えがわかる

人の脳は、「現実」を右脳で、「想像」を左脳で処理する。その際、体の反応は交差する神経を通り、働いた脳とは逆側にあらわれるので、たとえば過去の経験を思い出すときは左上、物事をイメージするときには右上を見ることになる。

右脳は、自分が過去に経験したことを思い起こすときに活発に働く（このとき、目線の方向は左上）

左脳は見たことのない物事をイメージするときに活発に働く（このとき、目線の方向は右上）

と、それは、学生が時折とった「左上」あるいは「右上」を見上げるしぐさを見逃さなかったからなのです。

じつは、人間の右脳は過去のことを思い出すときに活発になり、左脳は見たことのないことを想像しているときに働く傾向があります。

人の体の反応は、交差する神経を通り、働いた脳とは反対側にあらわれるので、学生がAさんに質問されたときに左上を見上げたのは「過去のこと」を思い出したからであり、右上を見たのは「想像したこと」を話していたからなのです。つまり、右上を見て話した事柄は事実ではないというふうに考えられるわけです。

ただ、不思議なことに、女性の場合は左右の脳が頻繁《ひんぱん》に情報交換をしているため、その理論にあてはまる確率は、男性よりもだいぶ低くなるようです。

ところで、このような脳の働きに関連し、アメリカの精神科医R・バンドラーとJ・グリンダーらは、質問をしたときに示す相手の目線の方向で、その人の感性を知る研究結果を出しています。

それによると、質問を投げかけたときに目線が**左上を向く人は、いままでに自らが見た記憶を参考にする視覚派**だといいます。そして、このタイプの人と商談などをするときには、イラストや写真、図版などを多用した視覚に訴える資料を用意するのが効果的なようです。

一方、**右上を向くタイプの人は頭の中の想像で新しい物事を考える傾向があるため、つねに斬新な企画を好みがち**だといいます。さらに、**左下を向くタイプの人は聴覚派、右下を向く人は手触り、すなわち体の感覚を大切にする傾向**があるようです。

このように、質問を投げかけたときの目線の方向に着目することで、交渉相手の心理の傾向を見抜き、それに合った対応をしていけば、より有利に交渉を進めていける可能性は高まるでしょう。

ただ、現実的にはそう簡単に目線の方向と脳の働きがマッチするわけではありません。むしろ、その場の状況によって目の動きが変わってしまうことも往々にしてあるからです。たとえば、あなたが男性であれば、美人が自分の左側にいたとき、ついその方向に目線をやってしまうことからもそれはわかるはずです。

## 会話中、相手がポケットに手を入れたら▼▼▼▼話を信用してはいけない

クライアント先へプレゼンテーションに出向くときは、誰でも緊張するもの。その出来不出来が自分の営業成績、ひいては会社の業績につながるのですから、当然といえば当然なのですが、出先で同業他社の社員と鉢合わせたり、同じ会合に出席するような場合には、ちょっとした観察で、いったい誰が自分にとってもっとも注意すべき人物なのかを判断することができます。

たとえば、長時間にわたる会合では軽い休憩タイムがあったりもしますが、喫煙コーナーなどで一服していると、他社の社員とちょっとした雑談に興じることもありうるでしょう。そんなときには、いくら表面上ではにこやかに応対していても、相手がもしポケットに手を入れながら話しているのなら、その相手の話をうのみにするのは避けたほうが賢明かもしれません。

**人はウソをつくと、手の動きが極端に鈍くなる**といわれます。そのため、自分の

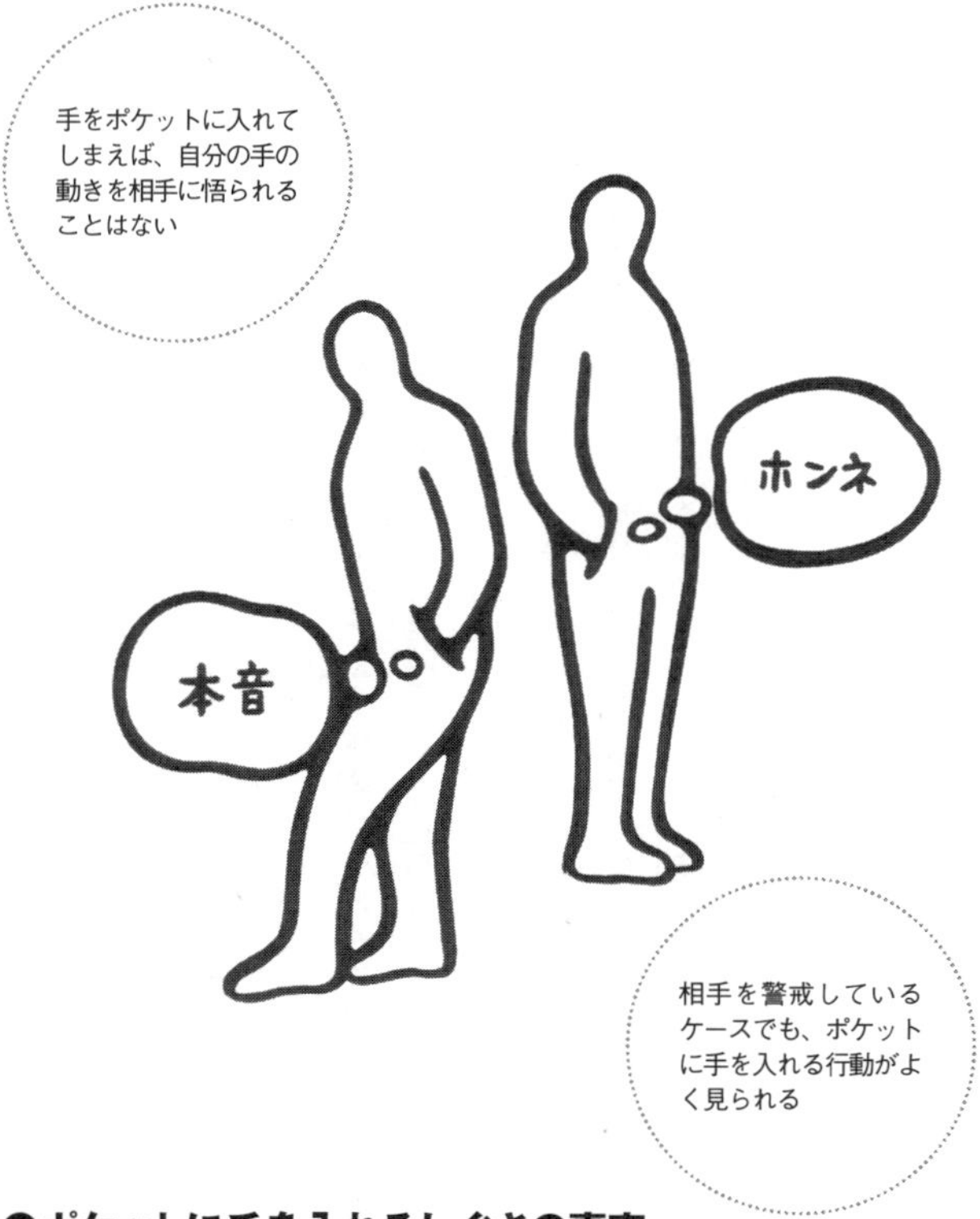
手をポケットに入れてしまえば、自分の手の動きを相手に悟られることはない
ホンネ
本音
相手を警戒しているケースでも、ポケットに手を入れる行動がよく見られる

## ●ポケットに手を入れるしぐさの真実

一般的に、人はウソをつくとき、手の動きが極端に遅くなったりするといわれる。その際、ウソが相手にバレないよう、無意識でポケットに手を入れるという行動がよく見られる。

ウソがバレぬよう、相手に手の動きを見られないようにしたいと感じるのです。

では、どうするのかというと、いちばん手っ取り早いのは手を隠してしまう。つまり、手をポケットへ入れてしまえば、相手に自分の手の動きを読まれることはありません。だから、自然と手がポケットに入ってしまうというわけです。

また、あなたに対してウソをついているというほどのことではないものの、あなたのことを**「油断ならない」「この人が最大のライバル」などと警戒している場合にも、手をポケットに入れてしまう行動**がよく見られるようです。

ただ、大きなプロジェクトなどの場合は、ライバル同士とはいえ、お互いに協力してタッグを組んでいかなくてはならないケースも多々あるはずです。

そんなときには、自分と立ち話をするときに、少なくともポケットに手を入れないで話す人と一緒に組んだほうが、無難かもしれません。

このほか、ポケットに手を入れてはいないものの、両手をかたく握りしめていたり、片方の手でもう一方の手をギュッと握りしめていたりする場合も、心理的には、ポケットに手を入れるのと同じく、何とか手の動きを相手に見られたくないという心理が働いている場合があるようです。

# 初対面で相手から目をそらさない人は▼▼▼▼じつは気が小さい

企業の新卒採用担当者によると、面接に来た学生を評価する場合には、まずその人の視線に注目するといいます。このことに対し、「しっかり相手の目を見ながら話す学生こそ、外向的で物おじしない性格。つまり、会社として採用したくなるような人ってことでしょう？」と思った人は、じつはちょっとした勘違いをしているかもしれません。

これはいったいどういうことなのでしょうか。

相手の目を見て話すということは、対人コミュニケーションにおける基本中の基本ですが、初対面にもかかわらず、いつまでも視線をそらさずにいる人は、じつは意外にも気が小さい人に多いといいます。

たとえば、イギリスの心理学者ブライアン・チャンプネスの実験によると、初対面の学生一〇人を対象に、能動的なタイプの学生ばかりを集めたＡグループと、受動的なタイプの学生ばかりを集めたBグループに分け、各グループから一人ずつを選んで対面させたところ、先に目をそらした学生はAグループのほうに多かったそうです。

つまり、予想に反して、受動的なタイプの学生のほうが、じつは相手の目をよく見ていたというわけです。

この実験結果から推測されるのは、受動的なタイプ（内向的性格）の人が初対面の相手から目をそらさないのは、「もしかしたら、この人は何か気に入らないところがあるのでは？」「この人は、わたしに対してよい印象をもっていないのかも……」と気になって仕方がなく、相手の目の表情から心の動きをとらえることで、その答えを求めようとするために視線を外すことができなかったのではないかという解釈です。

その点、能動的なタイプ（外交的性格）の人は、受動的なタイプの人ほど相手の反応が気になることはないため、いつまでも相手の目を見る必要を感じてはいないはずです。

以上のことを踏まえてみると、「じつは、初対面の人と目を合わせるのは苦手……」というタイプの人であっても、とくに対人的な引け目を感じる必要はないでしょう。

堂々と（?）相手から視線をそらし、あまりそのことにこだわらずに相対すれば、相手のほうが「いかにも有能そうで自信に満ちた人だな……」と勝手に解釈してくれるかもしれません。

それとは反対に、初対面の相手が、いつまでもこちらから目をそらさないようであれば、その〝目力〟に臆することなく、「ふうん、相手はわたしの反応が気になってるんだな……」ぐらいの大きな気持ちで、ゆったりと受け止めておくとよいでしょう。

ただし、日本人は欧米などの人々にくらべ、文化的にも「互いに見つめ合う行為」をよしとしない傾向が少なからずあるということも、よく理解しておくようにしましょう。

## しきりに自分の髪に触れている女性は▼▼▼▼男に甘えたいと思っている

喫茶店で、バリッとしたスーツ姿の女性を見かけました。その女性になぜ目がとまったのかというと、彼女はいかにも有能なキャリアウーマン然としていて、しかもビジネス系の専門誌を一人で熱心に読んでいたからです。女性がよく読むようなファッション誌ではありません。その女性がお茶を飲む時間も惜しみ、仕事に役立つ情報を収集しているのかと思うと、彼女の仕事への情熱に頭が下がりました。

ただ、ちょっと気になることがありました。彼女の雑誌をめくる手とは反対の左手が、しきりに自分の髪に触れていたのです。手入れが行き届いていそうなきれいな髪で、ヘアスタイルもバッチリ決まっています。手で整える必要もなさそうなのに、何度も何度も髪に触れるしぐさには、少々違和感をおぼえました——。

心理学的に見ると、この女性はしっかり者の大人といった外観とは裏腹に、やや甘えん坊な性格である可能性が高いといえます。

**自分の髪に触れるしぐさは、「本当は誰かに触ってほしいが、誰も触ってくれないので、仕方なく自分で触っている」ことを意味**しています。親に「いい子だね」と頭をなでられたり、恋人に髪をやさしく触れられたりしたときのことを思い出し、それをマネて自分で触っているわけです。

あるいは、何か仕事で大きなストレスを抱えていて、内心は不安でたまらないのに、立場上そうした弱音を吐くことができず、自分の髪を触ることで、自分自身をなぐさめているのかもしれません。

こうした髪を触るというしぐさは、女性の専売特許のように思われがちですが、男性でも甘えたいときには、無意識に自分の髪を触ってしまう場合があります。

もし、あなたの恋人や家族が頻繁《ひんぱん》に自分の髪を触るようなら、相手はあなたに甘えたいと思っていたり、あなたとのより親密な触れ合いを求めているのかもしれません。そんなときには、いつも以上にやさしく接し、思う存分甘えさせてあげてもいいでしょう。

ただし、女性がよくする髪をかき上げるしぐさの場合は「セックスアピール」の可能性もあるので、前述のような髪を触るしぐさとは意味合いが違ってきます。

## 話の途中、鼻・口元に手をやった人は▼▼▼▼そこからウソが始まっている

Hさんは、後輩が課長に叱られているのを最初は耳でキャッチしました。「どうしてこんなミスをしたんだ？」という課長の言葉は、声こそ大きかったものの、それほどキツイものではありません。叱責ではあっても、原因追及が目的で善後策を考えてのものだということは、課長の部下歴の長いHさんにはすぐわかりました。

課長席のほうに目を向けると、後輩がデスクの前に立って、「先方が誤ったスケジュールをわたしに言ったものですから。確認しなかったのはわたしのミスですが……」と、その原因を報告していました。そのあと後輩は、右手で握りこぶしをつくり、人差し指の付け根部分で鼻をこすっています。

そこからは声が小さくなって内容は聞き取れなくなりましたが、後輩はしきりに右手親指と人差し指で鼻の頭をつまむしぐさをしています。Hさんはそれを見て、後輩がウソをついて言い訳していると察しました。何か言いつくろおうとウソをつ

## ●鼻・口元に手をやるのはウソつきのサイン

人は、ウソをついたりごまかしたりするとき、鼻や口などの顔のパーツに無意識で手をやってしまう。これは、ウソをつくことによるストレスで、顔の皮膚組織がむずがゆくなるという生理的現象によるものと考えられている。

何らかの心理的葛藤があったとき、このしぐさは表面化する。また、その際には目線をそらしていることも多い

くとき、彼には鼻を触るクセがあることをHさんは知っていたのです。
しかし、ウソをつくときに鼻に手がいくというのは、Hさんの後輩にかぎったことではありません。人は**ウソをつくとき表情の変化を見られないよう、顔のパーツに思わず手が伸びるという心理が誰にも働く**ものなのです。心理学では、これを「ディセプション」といいます。

鼻にかぎらず、口元をぬぐうようなしぐさや、目をこするようなそぶりをすることもありますが、咄嗟《とっさ》に顔に手が伸びてしまうのです。一説では、心に葛藤《かっとう》が生じると、鼻の皮膚組織がストレス状態になるという医学的な根拠もあるとされます。ストレスがむずがゆさや軽い痛みを誘うため、つい手が伸びるのだというのです。

たしかに、ウソをつくときに無意識で鼻に手が伸びる心理は統計的にも正しいようですが、必ずしも後ろめたい思いのこもったウソのときだけではありません。サプライズなプレゼントをしようと思っているとき、品物を出して驚かせる前に鼻をかく人もいたりします。言いたいけど言えない、口に出して言ってはみたけど恥ずかしいというような場合も、心理的葛藤を呼び覚まし、鼻をかいたりすることがあるので要チェックです。

# 会話中、相手がメガネを拭いたら▼▼▼▼話題を変える

今夜は社内恋愛をしているB君と待ち合わせをして、夕食をともにしながらおしゃべりに興じているのですが、なんとなく雰囲気がいつもと違う気がしました。仕事でなかなか時間がつくれなかったので、お互い心待ちにしていたはずなのに、B君の様子がちょっとヘンなのです。

なぜそう感じてしまうのかというと、どういうわけか、B君の態度が落ち着かないのです。明日は土曜で、今夜はゆっくりできるはずなのに、さっきからチラチラと腕時計を見てばかり。とくに予定はないと言っていたのに、さては誰かほかの女性と浮気でもしているのではと心配になります――。

ちょっと酷かもしれませんが、このときのB君の本音は彼女との会話にあまり関心がなく、少々退屈しているといえます。腕時計をチラ見するのは時間を気にしているからではなく、その場に退屈しているから、ただなんとなく何度も時計をのぞ

いてしまうのです。同じような心境での行動としては、何度もメガネのレンズを拭くとか、上着のボタンを開けたり閉めたりするといったものもあります。

その動作自体に意味があるわけではなく、その状況での退屈をまぎらわせる行為自体に意味があるのです。

前述のシーンを想像してみてください。彼女はつい自分の話に夢中になり、最近はなかなかデートもできないとグチをこぼしたり、先輩社員の悪口に興じたりしていた可能性は十分に考えられます。いくらなんでも、せっかくのデートでグチばかり聞かされたのではB君もけっして楽しくはないはずです。

もし、このような相手のしぐさに気が付いたら、相手が興味をもちそうな話題に切り替えてあげるようにしたいものです。

また、こうした相手のボディランゲージをうまく読み取れれば、ビジネスにおいても必ず役立ちます。たとえば、商談相手が意味のないしぐさを繰り返しているようなら、まだまだ相手をこちらの話に引き込んでいない証拠。反対に、相手が身を乗り出すようにして話を聞いているようなら、それは関心をもっている証拠といえます。積極的に話を推し進めていくチャンスかもしれません。

# 自然か作り笑いかを見分けるには
## ▼▼▼▼目と口が同時に笑ったら作り笑い

心底愉快に感じて自然に微笑むのと、「笑わなくては」と無理して微笑みをつくるのとでは、その意味からしてまったく違うものになります。一般に、作り笑いをする人は心に何か隠しごとをしているといわれますが、その理由は、**微笑みは相手から自分を守るための一手段**と考えられるからです。

たとえば外国では、パーティ会場などでまったくの他人と会っても、微笑みをたたえながらじつにフランクに話しかけてきます。これは、相手に微笑むことで「わたしはあなたの敵ではありません」ということを示すといわれています。まず、自分が相手に対して微笑んでみせることで、相手との関係が敵対しないようにしているわけです。

また、**微笑みは、自分の心をなんとかリラックスさせようという目的で使われる手段**でもあります。たとえば、隠しごとをしていると、「いつかバレるのではないか」と心配になり、心の休まる暇がありません。そんなとき、あえて微笑んでみることで、なんとか自分自身の心をリラックスさせて落ち着こうとするのです。

もっとも、このように「なんとか微笑もう」として微笑むと、どこか不自然でぎごちない感じになってしまいます。いちばんわかりやすいのは、口を横に広げて笑おうとしているのに、目がまったく笑っていない場合です。

まさに「目は口ほどにものをいう」ということわざのとおりで、どんなに大口を開けて笑っても、目が笑っていない場合は「作り笑い」になるのです。

また、そこまであからさまな作り笑いでなく、非常に巧妙な作り笑いをする人もいます。一見すると本当に微笑んでいるようにも見えますが、このような巧妙な作り笑いを見抜くコツは、「目と口が同時に笑っているかどうか」です。

ただし、「なるほど、本当の微笑みは、やはり目と口が同時に笑っているものなのか」と早合点しないでください。真相はその逆で、目と口が同時に笑っている微笑みこそ作り笑いになるのです。これは「さあ笑うぞ」とばかりに、一・二・三と心の中で唱えて笑おうとするから、目と口が同時に笑ってしまうのでしょう。

本当に愉快な場合は口元が自然とほころび、つづいて目が笑うものなのです。

# 話し合いの最中に相手が腕組みしたら ▼▼▼▼ 不快のサイン

クライアントが手がける新規事業の広告案を説明していたときのこと。こちらはその案に絶対の自信をもっていたので、自然と説明にも力が入っていました。相手の担当者も、「なかなかおもしろいですねえ」とまんざらでもない様子です。

ところが、その担当者はなぜか腕組みをしていたのです。彼は実際のところ、こちらの広告案をどのように評価していたのでしょうか。

心理学的に、**自分の体の一部を無意識に触るのは、「不安」や「不満」があるとき**と考えられています。不安や不満を感じているからこそ、なんとかそのマイナスの感情を鎮めようとして自分の体に触れているわけです。

ですから、この場合の相手担当者の心理は、「わたしがあなたに期待しているのは、そんなありきたりなプランじゃない」とか「そんな他社もやっているようなPRでは効果は薄いだろう」などと感じている状態といえます。

もっとも、そのような不安を感じてはいても、そのためにお互いの関係を壊してもいいと彼は考えているわけではなく、なんとか良好な関係を維持したいと思っているからこそ、自分の感情を押さえ込もうとしているといえるかもしれません。

このように、話し合いの最中に相手が腕組みをしたら、それは相手からの〝不快〟のサインとも考えられます。そして、いったいこちらの何がいけないのか、何が気に入らないのかをいち早く気付き、関係の改善に努めたほうがよいでしょう。

また、**相手が女性の場合には、こちら側の何かに恐れを抱いている可能性**もあります。そのためにひどく緊張してしまい、腕組みをすることで、なんとかその緊張状態を緩和させようとしているのです。

このほか、**腕組みには相手から自分を守る防御の姿勢を意味**する場合もあります。たとえばデートに誘ったとき、彼女が腕組みをしてなかなかOKと言わない場合は、日をあらため、べつのアプローチを試してみたほうがいいかもしれません。

ただ、腕組みをしていてもリラックスしている場合もあります。また、その人が何かを真剣に考えているようなら、それは不快や不安といった感情からのものではなく、単に自分の考えに集中しているだけの可能性が高いといえるでしょう。

## ●「腕組み」にもじつは意味がある

人は「不安」や「不満」を感じているとき、無意識のうちに自分の体の一部に触れ、そのマイナス感情を鎮めようとする。「腕組み」もこの行為の一つとされ、とくに話し合いの最中などにはよく見られる。

「腕組み」には、自分を守り、相手を拒絶したい気持ちを意味する場合もある

## 交渉相手が**貧乏ゆすり**を始めたら ▼▼▼▼ 相手の弱気と取る

「なくて七癖」とよくいわれますが、その中でもよくあるクセとして挙げられるのは「貧乏ゆすり」でしょう。本人は無意識にやっていて気が付かないことも多いようですが、周囲の人たちにとっては、これほど気になるクセもないかもしれません。

たとえば、会社の先輩社員が自分の机に向かって仕事をしているとき、小刻みに足を動かしていることに気付いたことはありませんか。あるいは、商談で訪れたクライアントの担当者の中に、貧乏ゆすりをしている人を見かけた経験があるかもしれません。同じ課のA子さんなどは、座っているときにハイヒールをリズミカルに動かしますが、これも貧乏ゆすりの一種といえるでしょう。

この**「貧乏ゆすり」は、不安を感じているときに、ついやってしまう**ことが多いようですが、心理学的には「転位行動」と呼ばれます。「転位行動」とは、いま取り組むべき問題をやりたくないときや、その問題が解決できずに困っているときなどに、目の前の問題とはまったく関係ないことをすることで、心の不安や緊張、辛さを紛らわせようとする、ストレスへの対応行動のことです。

逆説的にとらえるならば、貧乏ゆすりをすることで、心の不安や緊張、辛さを解き放ち、なんとか心のバランスをとろうとしているわけですから、貧乏ゆすり自体、それほど困ったものとはいえないのかもしれません。

ただ、貧乏ゆすりの欠点は、自分の心の内が相手にも露見してしまうこと。とくにビジネスの場では、互いに本音を見せず、交渉を少しでも自分に有利に進めたいと思うのがふつうです。それなのに貧乏ゆすりをしてしまっては、「おや、彼はいかにも自信ありげにふるまい、強気の発言をしてはいたが、内心はそうではないらしい。この交渉が決裂しては当社の損失になると思っていたが、じつはそれ以上に彼の会社にとっても損失になるようだ。それならば、こちらも強気の条件を提示してみよう……」などと、相手に主導権を握られかねなくなります。

やはり、ビジネスの場では貧乏ゆすりがうかつに出てしまわないよう、十分気を付けたほうがよいでしょう。反対に、相手が貧乏ゆすりをしていたら、こちらが強気に攻めてみるのも一つの手かもしれません。

## 相手がコーヒーをかき回し始めたら▼▼▼▼場所を変える

職場の同僚や上司が、取引先の担当者と電話をしながら、メモ用紙にペンで意味のない落書きをしている光景を見たことはないでしょうか。ほかにも、ペンのお尻で机をコツコツ叩いたり、コードを指に絡めたりといった指遊びもけっこう見られるようです。

これらはみな無意識のうちのしぐさですが、心理学ではこのような行動を「代償行動」ともいいます。**心の中の不満や緊張を少しでも和らげようとして、手を動かして何かをいじる、つまりストレスの解消をしている**わけです。

ですから、電話の相手に待たされたり、相手が一方的にしゃべっていたり、こちらが本当に言いたいことを言えなかったりしたときに、よく落書きや指遊びをする行動がおこなわれるようです。

もちろん、電話のとき以外にも代償行動を見ることはできます。たとえば、退屈

## ●ストレス解消の「代償行動」

人は、心の内に生じたストレスを緩和させるため、無意識のうちに手を動かして何かをいじるような行動をすることがある。心理学では、これを「代償行動」と呼んでいる。

コーヒーをいつまでもかきまわしたり、電話中にコードを指に絡ませたりするのも「代償行動」とされる
ストレス
ストレス
ストレス
ストレス
ストレス

な会議の席で落書きをしている人はよくいますし、食堂で箸の入っていた紙袋を細かく折りたたんだり、喫茶店でコーヒーをいつまでもかきまわしたりするのも、ストレス解消のためにおこなわれる行動です。また、子どもがツメを噛むのも同様で、赤ん坊のとき満足にお乳を飲ませてもらえなかった不満が、ツメを噛むクセとなってあらわれるともいわれています。

落書きをしたり、指を動かしたりしたからといって、そう大きな効果は特別なく、気が晴れるわけでもありませんが、それでも何かせずにはいられないのです。

では、二人でいるときに目の前に座っている相手がこのような行為をしていたら、いったいどうすればよいのでしょうか。

その相手はおそらく、心ここにあらずでほかのことを考えて退屈しているか、あるいはあなたに不満を抱いているかのいずれかでしょう。しかし、急いで何かをして、無理に関心をこちらに向けさせようとしてはいけません。その人自身も、自分の欲求が満たされていないことに気が付いてはいないので、いきなり心に刺激を受けると驚いてしまい、また本心とは違う行動をすることが多いのです。さりげなく話題を変えたり、場所を移すなりしてリラックスさせてやるといいでしょう。

# 相手が舌を出すしぐさをしたら▼▼▼▼相手の本心は「拒絶」

デートの最中にふと彼女を見たら、小さく舌を出しています。彼女はこちらの視線に気が付くと、いつものような笑顔になり、「うん、それでどうなったの?」と話のつづきを促してくれましたが、どうやら本当は、ちょっと退屈していたみたいです。

ちょうどそのときに、彼女にはあまり関係のない仕事の話をしていたので、さすがにつまらなかったのだろうかと彼は思いました――。

彼が思ったとおり、彼女は退屈して自分の世界に入り込んでいたのです。動物行動学の権威で、『マンウォッチング』の著者としても知られるデズモンド・ウォリスの説によれば、**舌を出すというしぐさは、「他人に邪魔をされたくない」「いまは関わらないでほしい」と望んでいるときに、無意識のうちにあらわれるもの**だといいます。

たとえば、赤ん坊は機嫌が悪いときや、もうお乳を飲みたくないときに、舌を突き出してお母さんのオッパイを口に含もうとしません。離乳食などを口に入れたとしても、すぐに舌で押し出してしまいます。つまりは「拒絶」のサインを出しているのです。

また、子どもがよくする「アッカンベー」は、指先で下まぶたを押し下げ、大きく舌を出すしぐさですが、これも赤ん坊の頃の拒絶のサインの名残だと考えられています。

このアッカンベーは、いやだという意思表示をしたり、相手をからかうときのしぐさですが、舌を大きく突き出し、「ベー」というだけのときもあります。これも、相手を受け入れるときにはけっして出てきません。

自分はどんな状況のときに舌を出すのか、ちょっと考えてみましょう。そんなことはしないという人でも、苦手なことを言いつけられたときなどには「ウヘッ」と舌を出したくはならないでしょうか。

また、ひどくマズイものを食べてしまったときや、うんざりするような出来事に遭遇したときなどにも、舌を出したくなるものです。

ですから、デートのときに相手が小さく舌を出したことに気が付いたら、それまでこちらが一方的にしゃべっていたか、あるいは何か相手の意に沿わぬことをしていたとも考えられます。

話題を転じたり、場所を変えて気分を一新するのもいいのですが、相手の本心は「拒絶」。つまり、一人になりたがっているわけですから、その日のうちに急いで挽回しようなどとは考えず、そっとしておくのが無難です。次のデートの約束をして、早めに切り上げましょう。

もし、あなたが男性で彼女がいる場合に、「そういえば僕の彼女、しょっちゅう舌を出しているような……」と思うのであれば、それは〝危険信号〟です。これまでそのサインに気付いてくれなかったあなたに、彼女はよくよく愛想を尽かせているのかもしれません……。

# 喫茶店で頬づえをついている女性は▼▼▼▼「さびしい」サインを送っている

昼休みを過ぎた社員食堂は、さっきまでの混雑ぶりがウソだったかのように静かです。そんななか、遅番だった同僚の女性が、一人で頬づえをついているのを目にしました。いつもは元気一杯に働いている彼女が、ぼんやりとして宙を見つめ、いまにもため息をつかんばかりです。まるで違う人を見ているようで、なんだかドキッとしてしまいました。

日本では、頬づえをつくのは行儀が悪いこととされていますから、よほど親しい間柄の人の前でなければ頬づえはつきません。一人で頬づえをついていた彼女は、周囲を気にすることなく、自分だけの想いにひたっていたのでしょう。

頬づえには、自分の手で自分の体の一部を触って安心させ、なぐさめる「自己親密行動」という心理学的な意味合いもあります。心の中の不安や憂鬱《ゆううつ》を、誰かの腕の代わりに自分の手で支えているわけです。

ただ、頬づえをつくのは女性かあるいは子どもに多く、大人の男性はあまりしないといわれます。ふてくされて子どもっぽい気分（？）になったときなど、ふざけ半分でポーズをとるくらいではないでしょうか。**頬づえは、誰かに寄りかかりたい、甘えたいというさびしい気分のときに出るしぐさ**なのです。

また、頬づえは「退屈」を示すサインでもあります。ですから、仕事中に頬づえをつけば、おそらく上司から叱責されるでしょうし、デート中に彼女が頬づえをついていたら、つまらないと思っているか、よほど遠慮のない関係で退屈であることを平気でアピールしているかのどちらかといえます。

そして、退屈だというのも、ある意味「さびしさ」のあらわれです。誰も自分をかまってくれない、おもしろい話をしてくれない、そんな不満が退屈な気分を呼び起こし、頬づえをつかせるのです。もしも、喫茶店で女性が頬づえをついてぼんやりしていたら、それはさびしがっている可能性が高いと考えられます。

いずれにせよ、**頬づえをついている女性は、そろそろ現状を打破したいと思っている**わけですから、男性にとっては〝何とかする〟チャンスなのかもしれません。

# 豪快な笑い方をする人は

## ▼▼▼▼ 独善的

信用金庫に勤めているA子さんの得意先に、従業員一〇人足らずの縫製工場を経営している社長がいます。洋服からバッグのような小物まで、どんな製品でも労をいとわずに製作を引き受けるので、中小企業とはいえ、会社の経営は比較的順調でした。

ある日、A子さんが仕事でその会社を訪ねたときのこと。社長室から出てきた社長は、彼女を見るなり「とにかく忙しいんだよ。今週も社員に休日返上してもらわないといけないなあ」と言いながら、最後には「ガハハハハッ……！」と高笑いをしました。

後日、予定納税が完了したときなども、「これで万々歳だな！　ガハハハハッ……」と豪快に笑い、「君も営業頑張りたまえ！」とハッパをかけられるほどでした。

このように、その社長はまさに〝豪傑〟然とした笑い方をする人で、時にはA子さんを明るく元気付けてもくれるのですが、逆に、そこはかとない不安感も覚えさせられるのです――。

じつは、よく豪快な笑い方をするタイプの人は物事を深く考えようとしない傾向があり、また、何らかの組織に属したり、あるいは組織を操ったりといったことを苦手としています。

つまり、「自分が」「俺が」といった意識が強くてプライドが高く、悪くいえば独善的、あるいは自己中心的な傾向があるのです。

前述の縫製工場社長の場合も、自分が築いてきた人脈と営業力だけで会社の経営が順調なのだと思い込んでいる節があり、それが豪快な笑い方として前面に出てきているわけです。

ただ、本人にはそのつもりがなくても、その思い込みが他人への評価を歪めたり、無視したりという結果にもなりかねません。

この社長の場合でいうと、社員のていねいな仕事や、休日を返上した働きのおかげで仕事の注文が途切れないといったことにまで思いが至っていないものと考えられます。

そのために、笑い方は親分肌のように見えても、本当に彼を信頼してついてくる子分ができません。たとえ一時は笑い方に元気付けられたとしても、理屈で負けそうになると豪快な笑いでごまかすといった態度に嫌気がさし、離れていったりします。

ですから、真実の彼の姿は、じつは相談相手もいなくて孤独なはず。会社が順調なときはいいものの、少しでもほころびが生じたとき、この社長はそれを実感することになるかもしれません。

こういった一人相撲の豪快笑いとは逆に、周囲の人と楽しみながらタイミングよく笑う人は、心にゆとりのある人といえます。もしかすれば意思表示の下手な人という可能性もありますが、そのときは周囲に気をつかって目が笑っていないはずですので、すぐにわかるでしょう。

# ネクタイを締め直すしぐさをする人は▼▼▼▼相手を強く意識している

もし、あなたが同僚と二人で得意先へ営業に出向き、商談の相手がやはり二人だったときに、そのうちの一人にたびたびネクタイを締め直すのが目についたならば、そのネクタイに手をやる相手のほうをメインに攻略すると、商談がスムーズに進む可能性は高くなります。

これはもちろん、相手が同格の二人の場合にかぎってであり、決定権のある上司と部下の同席という場合はべつです。

というのも、**ネクタイを締め直すしぐさというのは、自分に注目してほしいというサインを無意識のうちに出している**ことになるからです。その相手に向かって熱心に話せば、自分のほうを選んでくれたことに満足し、同じような熱心さで話を聞いてくれる確率が高くなるというわけです。

ネクタイを締め直す行為は、社会心理学者フェニグスタインが言う「公的自己意識」によって起こります。たとえば、あなたが上司に呼ばれたとき、席を立ちながらスーツの袖口を引っ張ったり眼鏡をかけ直したりするのは、自分が上司の目にどう映るか、身じまいが乱れていないかを気にして無意識にとる行動です。

ネクタイを締め直した相手は、「さあ、やるぞ!」といった自己の姿勢を相手に見せるため、無意識にネクタイに手をやっているのです。それが、本当は商談相手を強く意識しているというサインになってしまいます。

あなたが相対している取引相手の二人は、もしかすると会社ではライバル関係にあるのかもしれません。とすれば、競争心から片方が「自分に目を向けて」と、あなたにアプローチしていることになります。それゆえ、ネクタイに手をやった彼へのアタックが効果的というわけです。

なお、ネクタイの柄も相手の性格を反映するといいます。無地や縞柄などおとなしい柄を好む人は、本当に落ち着いた大人か、もしくは自分をそう見せたいと思っている人。また、水玉柄好みの人は温和ですが、優柔不断な面もあります。さらに、大きな柄物やワンポイント好みの人は個性的、わが道を行くといった仕事ぶりで、他人を突き放して見る傾向もあるようです。

商談相手がこのしぐさを見せた場合には、その相手に交渉に対する“前向きな姿勢”があると考えてよい

## ●人前でネクタイを締め直す行為の意味

とくに人前でネクタイを締め直すというしぐさは、社会心理学者フェニグスタインが言うところの「公的自己意識」にあたる。これは、相手のことを強く意識し、自分のヤル気を強く意識している証拠でもある。

## 話の最中、やたらうなずく人は▼▼▼▼相手に興味を失っている

飲食店などに置く観葉植物のリースをおこなう会社の若き二代目Cさんは、自らの修業のため、飛び込みの営業もしています。いずれ社長を継ぐにしても、現場のセールスの厳しさを知るため、また、利用客のニーズなどを探るためにも体験したほうがいいと父親に命じられたのです。

Cさんは、父親が丹精している植物の生長ぶりや行き届いた手入れに誇りをもち、大学でも植物学を専攻していましたから、科学的な説明などを加えてのセールストークには自信がありました。

たしかに、どこの会社を訪ねても、話自体はよく聞いてくれます。会社なら総務の担当者、店ならオーナーといった人たちが相手で、玄関払いを食らうこともそれほど多くはなく、誰もが「うん、うん」とうなずいて話を聞いてくれます。

ところが、なぜかあまり契約できません。これはなぜかというと、Cさんは相手

## ●過剰な「うなずき」に隠されたホンネ

自分が話をしているときに相手がやたらとうなずく場合、その相手はほぼ、「話を適当に聞き流している状態」といってよい。人は、その話を早く切り上げてほしいと思ったとき、無意識のうちに過剰にうなずいてしまうものなのだ。

話の切れ目やタイミングなどを無視し、ただ機械的に繰り出される「うなずき」には“意味”がない
本当に「話を聞きたい」と思っているのであれば、相手は絶妙のタイミングで相づちを打ち、うなずくはず

が「うなずく」のを見て、自分の話を熱心に聞いてくれたものと理解し、セールストークが功を奏していると考えているからなのです。

じつは、これはまったく逆の気持ちを示すしぐさです。「うん、うん」と話の最中に相手がやたらうなずくのは、その話に興味を失っているとき。とくに、話の切れ目や「おわかりでしょうか？」といった問いかけに対してではなく、機械的にうなずき返すときは、本当はもう話を聞いていないと考えられます。

**会話を終わらせたい、話題を変えたい、自分に都合の悪い話になったときなどには、つい必要以上にうなずいてしまうのが人の心理**であり、同調していると相手に思わせ、次の段階へ進みたいと心の中では思っているのです。本当に納得して話を聞きたいと思っている相手は、話すこちらの目を見て、「それは～ということですね？」などと自分の考えを絶妙のタイミングで投げ返してくれるはずですから、さらに興味をかきたてる方向へと話は進みます。

なお、同じうなずきでも、鼻先でフンフンといった感じのものは見栄っ張りな人の相づちで、必要以上にオーバーにうなずくのは、過剰に「親和動機」（親しい関係を望むこと）が高い人の見せるしぐさといえます。

# 身振り手振りの大きい人は▼▼▼▼人間関係に長けている

　フリーライターF子さんが出入りしている出版社の週刊誌デスクは、やたらに身振り手振りを入れながら彼女に指示を出します。

「だからさあ、こうバーッと」などと言いながら、両手を左から右へ振ったかと思うと、「景気よくいい写真撮ってね。グラビア見開きで大きく扱って」と言うときには両手を左右に目一杯広げ、「中吊り広告でトップになるような見出しを付けたいわけよ！」と言いながら、彼女の肩を叩いたりします。

　F子さんに取材意図や細かい指示を与えているあいだ、デスクの両手は胸の位置から下がることはなく、とにかく大きなジェスチャーが伴うのです。そのため彼女は、難しいし、無理かもなどと思いながらも、つい仕事を引き受けてしまうといいます。

　こんな人は、きっと声も大きいでしょう。これはデスクという役職柄しかたないのかもしれませんが、ほかの業種にもこんな上司はいるはず。部下への指示は広範囲に聞こえるほど大声で、身振り手振りも大げさに、自分が何をしてほしいのかを伝えようとします。このタイプは感情表現豊かな余り、他人に伝えたいことがあると、大声で身振り手振りを交えながら、自分への注目を引きたがる傾向が強いのです。

聞き手、あるいは他人がどう受け止めるのか、共感してくれるのかとは関係なく、ひたすら自分の感情表現に熱中する。それは仕事熱心ということでもあり、情熱で人を巻き込み、成功に持ち込むケースも多くなります。

ところが、このタイプの人は順調なときはいいのですが、ちょっとしたミスやつまずきがあるとたいへんです。感情表現がストレートすぎて、落ち込みが激しいと周囲を心配させるほど、おとなしくなったりすることもあるのです。ただ、感情が他人にわかりやすいので、落ち込んでいるときには励ましたくもなりますが、放っておくほうが賢明かもしれません。

なぜならこのタイプは、落ち込むだけ落ち込んだほうが復活も早いからです。それゆえに、性格的には「気分屋」といえるでしょう。

ひたすら自分の感情表現に熱中し、その「情熱」で、周囲の人を巻込もうとする

## ●身振り手振りが大きい人の性質

このタイプの人は感情表現が豊かで、大きなジェスチャーでストレートに自分の気持ちを相手に伝えようとする傾向が強い。総じて、出す声も大きくてハキハキとしている。

## 脚を固く閉じて座る男は▼▼▼▼おおよそ根暗タイプ

女性の場合、椅子などに腰かけるときには膝頭を合わせて脚を閉じていることがほとんどです。

その反対に、男性の場合は腰かけるとき、体勢が楽なように、やや股を開き気味にして座ることが多いのがわかります。

そんななかで、男性でありながらも膝頭をピタッとくっつけて座っている人を見かけたことはないでしょうか。彼はおそらく、脚を閉じて体を守っているのと同様、心にもバリケードを築いている状態にあるのかもしれません。電車内にかぎらず、オフィスの椅子でも飲食店の椅子でもこんな座り方をする男性は、他人からの攻撃を恐れて身を縮めていると考えられます。

つまり、身を縮め、心理学でいう**「パーソナル・スペース」を小さくすることで、自分が弱い存在であることを無意識のうちにアピールしている**のです。こんな人は、何事も悲観的に受け止めてブルーな気分でいることが多い、いわゆる根暗なタイプの人かもしれません。

とはいっても、仕事上で初対面の相手がこうした座り方をしている場合は、必ずしもそう決めつけてはいけません。じつは、あなたに対して一歩引いたところから接しようとしていて、その心理は、「何を言われるのだろうか？」とか「この場で判断できないことを言われたらどうしよう」などといったような不安に包まれているだけかもしれないのです。

ですから、商談を本気で進めなければならない相手なら、まず不安を取り除けるような話題から入り、相手の膝頭がゆるむのが見えたあとに、本題に入るのが得策でしょう。

脚を閉じるのと似ているパーソナル・スペースを小さくする座り方には、「脚を組む」というものもありますが、こちらは、余裕のある強気な心理のあらわれです。負けず嫌いで、初対面の相手でも遠慮しない言動で接してきますから、こちらもリラックスしつつ、強気で対応していくとよいでしょう。

第3章

# 「忙しい、忙しい」と連呼する人は

▼
▼

# 他人にどう思われているか不安

# 言葉

口癖に宿る、隠れた願望と不安

# 「ここだけの話だけど」という人は▼▼▼▼取り入ろうとしている

会社の喫煙コーナーに行くと、ほかの部署の社員と顔を合わせました。とくに親しいわけでもなかったので、軽く会釈したあと黙ってタバコを吸っていたら、突然その社員が、「ここだけの話ですけど、そちらの部長ってライバル会社に引き抜かれるらしいですよ」と話しかけてきました。なんでも、この会社の得意先をそのライバル会社に紹介することを条件に、高給を約束されているのだそうです。

つい身を乗り出して聞いてしまったものの、どうして自分にそれを教えてくれたのかわからない。単に同じ会社の社員というだけの関係なのに、自分があちこちでベラベラしゃべるとは思わなかったのでしょうか――。

一般的に、「ここだけの話だけど」「あなただけに教えるけど」というようなフレーズではじまる話は、たいていゴシップめいた興味を引く内容で、つい声をひそめて聞き入ってしまうものですが、これを話す側の心理は、次のようになっているものと考えられます。

「とにかく内容的におもしろいので、誰かに教えずにはいられない。でも、自分がしゃべったことが原因でトラブルになったら困る。身近すぎる相手だと、情報源がバレてしまうかもしれないし……」

そこで、ちょっと自分と距離のある人にしゃべることで、すっきりしたいのでしょう。

ただし、それだけではありません。「ここだけの話だけど」というフレーズには、「あなたを信頼しているから」「特別扱いしているから」という意味も含まれているのです。

聞き手のほうは、大勢いる人間の中から自分が選ばれたことで自尊心をくすぐられ、いい気分になっているはずです。そして、打ち明けられた「ここだけの話」を媒介に、話してくれた相手に親しみや好意を感じるようになるわけです。

信頼され、特別扱いされたのですから、こちらも自然と相手を信頼し、親しみをおぼえるようになるのは、ごく当然のことかもしれません。

ところが、話し手が最初からそれを意図し、自分に好意を抱かせようとして「ここだけの話……」と言っているケースもあります。こうやって近づいてくる人は、あなたに取り入ろうとしていたり、何かべつの魂胆を抱いている可能性も捨てきれないのです。

また、「ここだけの話……」と言いながら、何人にも同じことを話す人もいます。これは、「この話を知っている自分は情報通であり、それを得るための人脈をもっているからこそ、こんな貴重な話を調達できた。それをあえて教えてあげるのだから、少しは感謝してほしい」という心理が話し手の背景にあると考えられます。

そもそも、「ここだけの話だけど」と相手に言われると、人はその情報に価値があると感じ、実際以上に興味津々となる傾向があります。

しかし、「ここだけの話」を実際に教えられると、こちらからもいろいろとコメントを差し挟みたくなってしまい、何かべつの問題が生じてしまうこともありうるので、必要以上に深入りしないほうが得策かもしれません。

# 「どうせダメ」が口癖の人は▼▼▼▼自尊心を守ろうとしている

何かをする前に、「どうせダメ」が口癖になっている人がよくいます。試験の前には「合格するはずはない」と落ち込んでみせ、難しい仕事を任されると「そんな実力はないよ、失敗するに決まってる」と青くなっています。

口癖とまではいかなくても、このような傾向は誰にでもあります。目標が大きければ大きいほど、やる前から「どうせダメ」と思うことが多くなるのです。

じつはこれ、**失敗したときのショックを、あらかじめ和らげようとする心理**からくるものなのです。合格したい、うまくやりたいと思っていても、必ずしも望みどおりになるとはかぎりません。そのため、自分の価値や成功の可能性を低く見積もっておき、実際に失敗したときの落胆をできるだけ小さくしようとしているわけです。

つまり、自分に対する言い訳をあらかじめ用意しておく〝自己防衛反応〟なのです。

また、失敗の口実を自分の実力不足のせいではなく、「どうも風邪気味で」「こういうの、やったことがない」などと、外的要因のせいにすることもあります。これは、心理学で「自己ハンディキャッピング」と呼ばれ、落胆をできるだけ小さくしようとする自己防衛反応とされます。

人は、考えうるさまざまなショックから自分を守ろうとします。成功したい、でも失敗するかもしれない。しかし、最初からダメだと口にして、そう思い込んでおけば、失敗しても自尊心をある程度は守ることができます。また、「どうせダメ」と公言することは、周囲の人への弁解にもなります。自分では、うまくいくなどと大それたことは思っていないものの、やむなくチャレンジする。だから失敗しても仕方がない。ゆえに、自分の評価は下がらないというわけです。

とはいえ、そんな自己防衛もほどほどにしておくのが無難でしょう。つねにマイナス思考にとらわれ、「どうせダメだ」とばかり考えていると、努力する気が起きなかったり、それが自己暗示になって実力を発揮できないという悪循環にハマることもあるのです。

反対に、自己防衛をうまくコントロールできれば、何かにチャレンジするとき、「どうせダメかもしれないけど」と自分をリラックスさせることもできます。

## ●“言い訳”で自己を防衛する

「どうせダメ」などといったような“言い訳”をしておくことで、失敗したときのショックから自分の心を守ろうとする。心理学ではこれを、「自己ハンディキャッピング」と呼ぶ。

「どうせダメ」などという言葉を公言しておけば、失敗したときにも自尊心は守られる

「自己ハンディキャッピング」をやりすぎると、逆に実力が発揮できない悪循環にハマることもあるので要注意

# 途中、突然早口になったら▼▼▼▼話の中身にウラがある

一般的に、早口の人は頭の回転が速いといわれますが、それまでふつうの速度でしゃべっていた人が急に早口になった場合、その人には何か後ろめたいことがあると考えることができます。

ＯＬのA子さんは、毎日午後九時頃に彼氏と携帯電話でおしゃべりするのを楽しみにしていますが、ときには彼も仕事や付き合いで時間どおり電話に出られないことがあります。そんなときは、あらかじめメールで連絡を取り合っていたのですが、ある日、何の連絡もないまま九時半を過ぎました。A子さんは彼に何かあったのではないかと心配になり、何回も連絡してみたもののつながりません。しかし、ようやく一〇時になって彼から電話がかかってきました。

「どうしたの、心配したのよ？」と問うA子さんに、彼は「帰り支度をはじめたら課長に呼び止められて、急ぎの仕事を押し付けられたんだ」と、やや高めのテンシ

ョンで話しました。しかし、こういうときの女性の勘はかなり鋭いもの。A子さんはそれがウソだと察したのです。

なぜなら、ふだんは一言一言を選んで話すタイプの彼が、まくし立てるような早口でしゃべったからです。

案の定、彼女が問いただすと、彼はとうとう同僚の女性社員に誘われて酒を飲みに行ったことを説明し出しました。

もちろん、彼女との電話をすっぽかしてまで酒を飲んだのですから、多少の下心があったことは否定できません。その後ろめたさが、彼を早口にさせたわけです。

このように、物事をごまかしたりウソをついたりするときには、必要以上にあせってしまうためか、往々にして早口になる傾向があるようです。**短時間に多くの情報を伝達することで不安な心を紛らわせようとしている**のか、話のスピードがいつもより上がってしまうのです。

ビジネスにおける商談などの際にも、相手が急に早口になったら、何かしらマズイと思っていることがあると考えてもよいでしょう。

その場合は、相手の話のウラを推測して聞いていくこともポイントになります。

## 噂話が好きな人は▼▼▼▼優越感を求めている

昼休みともなると、会社の屋上や給湯室などで、よく女性社員が噂話に花を咲かせます。仲良しが二人以上集まれば、すぐに噂話がはじまるものですが、なぜこれほどまで噂話をする人が多いのでしょうか。

噂話を好む人は、基本的に欲求不満な人が多いといわれ、日頃の欲求不満を解消しようと、誰彼ともなくつかまえては、「ねえねえ知ってる？　じつはね……」と話しはじめてしまうのです。

しかし、ここで疑問なのは、噂話をすると、なぜ欲求不満の解消になるのかということ。噂話というものは、基本的にハッピーな話ではありません。知り合いの成功話なら、多くの人の前で祝福すればいいわけですから、わざわざコソコソ話す必要はありません。誰かが失敗したとか、悲しいめにあったとか、圧倒的に不幸な話が多いのです。そのためか、「あの人でもそんな辛いめにあったことがあるんだ」

とか「わたしだけが不幸なわけじゃないんだ」と周囲に思わせる効果もあります。

また、噂話を人にすると、「えっ、全然知らなかった」「そんなことまで知ってるなんて、さすが情報通だね」というように、周囲からほめられるものです。アメリカの心理学者ディヒターによると、噂話をよくする人の多くは、自分が評価されることを望んでいるといいますが、「わたしはみんなが知らないことでも知っている」と自負して優越感を覚えるために、とても気持ちがよくなるのです。

さらに、噂話をしているときは、聞き手から「そんなくだらない話はやめましょうよ」といった非難を浴びることはまずありません。逆に、その場の聞き手全員が自分と同じ意見をもっているといった雰囲気すらただよい、「やっぱりみんなも自分と同じ意見だったんだ」といったような安心感を得られるのです。

よく、特定の人を仲間外れにしたいときに、その人だけに情報を流さないという手口が使われますが、それとよく似ています。噂の本人はその場にいないので噂話を知らず、その人以外のみんなが噂話を共有していることになるわけです。

もっとも、冷静に考えれば、噂話で欲求不満を解消している人には、あまり近づきたくないもの。噂話は適当に聞き流しておくのが得策といえるでしょう。

## 「っていうか」を連発する人は▼▼▼▼空気を読めない

新入社員数人を誘って、一緒に食事をしていたときのこと。和やかな雰囲気で、場も盛り上がってきたなと思っていたところ、その中のA君が「っていうか」というフレーズを連発しては、必ず会話の流れを止めてしまいます。

はじめは、「まだ若者言葉が抜けないのかな?」程度に思っていたのですが、よく観察してみると、どうやらそういうわけでもないらしい。とにかくA君は、誰かが話したことに対して周囲が賛同すると、「っていうか」という言葉で切り出しながら、本気で反論しているきらいがあるのです。

そもそも食事の席を設けたのは、まだ会社に慣れていない新入社員たちとの親睦《しんぼく》をはかるため。べつに会議をしているわけではないので、いちいち真剣に反論しなくても聞き流しておけばいいとも思うのですが、A君はなぜかそれができません。

じつは、「っていうか」を連発するA君のようなタイプは、自分の意見をトコトン主張しなくては気が済まない性格といえます。しかも、ただ主張するだけではなく、その主張が正しいのかどうか、白黒をはっきりつけないことには気がおさまらないのです。そのため、同僚との食事の席のような気のおけない場であるにもかかわらず、「っていうか」を連発しては、雰囲気を壊してしまうわけです。

また、若者言葉の典型例として、「っていうか」とともによく使われている「～みたいな」を連発する若者にも要注意です。「～みたいな」といったソフトな表現を好み、何事につけ断定を嫌うタイプは、一見すると、協調性に富んでいるようにも見えます。

ところが、この手の人は自分なりの判断で物事を断定できるほど考えがしっかりしていない人も少なくないようで、比較的甘えん坊なタイプが多いのです。これは、まだ精神的な幼児性を色濃く残しているともいえます。

さらに、**「～みたいな」を連発する女性の場合は空想癖があり、男性では分不相応のことをつい口走ってしまう傾向**があるともいわれています。

あなたの周囲に「っていうか」「～みたいな」を連発する人がいるなら、前述のような傾向があることを少しは意識しながら接したほうがいいかもしれません。

## 「そうだね」が口癖の人は▼▼▼▼一見穏やかだが、計算高い

同じ部署の先輩Aさんは、人あたりがよく、いつも穏やかです。相手の話をじっくり聞いてくれることでも定評があります。Aさんの場合、相手が上司や同僚にかぎらず、たとえ後輩であってもその態度は変わりません。

相手の話に耳を傾け、話が終わるまで余計な口を挟みません。そうでありながら、ただ黙って聞いているのではなく、時折「そうだね」と相づちも打ってくれます。この「そうだね」という相づちに、後輩たちは勇気づけられ、Aさんの前では素直に自分の気持ちを表現できるため、Aさんは彼らからとても慕われているのです。

「そうだね」という言葉は「肯定」を示す言葉ですから、相手の意見に賛同している態度のあらわれとみることができます。「そうだね」と相づちを打てる人は、まず相手の意見を取り入れようとしている、つまり、相手の意見を〝聞く耳〟をもっている人といえます。

## ●「そうだね」という言葉の持つ危険性

「そうだね」という言葉による相づちには、「あなたと自分は同意見」「同じ側の立場」と相手に思い込ませ、その相手をいつのまにか自分のペースに巻き込んでしまうという“危険な”効果もある。

「そうだね」という相づちは、相手の心を摑むための“パフォーマンス”ととらえることもできる

ただ、この相づちが、その時々の相手の話を吟味したうえで出たものであればよいのですが、注意したいのは「そうだね」が口癖のようになっている場合です。この場合、**「そうだね」という相づちは相手の心を掴むための一種のパフォーマンス**にすぎません。

必ずしも賛同しているわけではないものの、ここで真っ向から反対意見を述べるのは得策ではないと思っていて、表面上、いったんは相手の意見を受け入れる形をとるための方便として、「そうだね」を多用するのです。

こうして、相手には「あなたと自分は同意見の者」または「同じ側の立場にある者」と思わせておいて、気を許してもらおうとするわけです。

このように、良好な関係を築いておいて、自分と同意見だと思っていたにもかかわらず、当初とはまったく違う方向へ話が進んでいたということはよくあります。この場合は、気付いてみると、すっかり相手のペースに巻き込まれてしまっていたということになります。

「そうだね」を多用する人は、一見すると穏やかで協調性があるようにも見えますが、意外としたたかな面を持ち合わせている場合があるのです。

# どんな話題も自分に引っ張る人は▼▼▼▼営業マンに向いている

入社してきた新入社員が、いったいどんな性格で、どんな部署に向いているのかを見抜くことは、大切な仕事の一つです。そのため、どこの会社でも、大小の差こそあれ、新入社員は研修を受けながら、その適性を判断されることになります。

もちろん、長時間の研修によってじっくりと適性判断をすることも重要ですが、ここでは、ほんの少し話をしただけで「パワフルな営業マン」を見つけ出す方法を紹介しましょう。

それは、「オレは大学でサッカーのフォワードでした」「わたしって意外とおっちょこちょいで、このあいだは、こんな失敗をしてしまいました」「僕の実家は八百屋なんですよ」などと、とにかく話題が〝自分中心〟になり、主語が「オレ」や「わたし」といった一人称になりやすい人に注目することです。

たとえば、前述の会話は、聞き手が「昨日のサッカー日本代表の試合はすごかったね」と話を振ったつもりが、いつのまにかその新入社員の大学時代の話にすり替わってしまったとか、新人教育係の人が、ある新入社員が落ち込んでいるのを見て、「僕も、昔はこんな失敗をしたよ」と話したところ、突然、「わたしっておっちょこちょいで……」といった自分の話題になってしまったものです。

これは、その人に個人的な質問をしたわけでもないのに、なぜか「オレは」「わたしは」と、自分の話題になかば強引にもっていく展開になっています。

このように、**自分のことを話すのが好きな社員はかなりの自信家で、比較的「押し」の強い人が多い**のです。ただ、性格的には少々鼻につくかもしれませんが、〝押しの強さ〟は、一面では営業向きといえます。しかも、本人にはまったく悪気がない場合が多いので、相手が初対面だろうと、やっかいな〝うるさ方〟だろうと、気後れすることなく自分のペースに相手を巻き込むことができます。

もっとも、あまり押しが強すぎると相手によっては不快に思うこともあるので、そうした自信家の営業マンを外へ送り出すときは、お目付け役として、強すぎる押しにブレーキをかけることができる人を同行させておけば、よりよい結果が期待できるはずです。

## ●自分のことばかり話す人の気質

個人的な質問をされたわけでもないのに、「オレが」「わたしが」と、いつのまにか自分のことばかりを話す人がいる。この手の人は、“自分が好き”“自信がある”という人が多い。

押しが強く、自分のペースに相手を巻き込んでいくという点で、このタイプの社員は「営業」向き

# 話がすぐ飛んでしまう人は▼▼▼▼企画立案部署に向いている

「企画会議」というと、あるテーマについて、さまざまな角度から検討を加えるといった傾向が強いものです。

ところが、そんな真剣な会議で、新商品の特長をどう活かすかというテーマを話し合っていたはずなのに、「ユニークなゲーム大会を催そう」「近頃人気急上昇中のあのタレントは絶対に売れる」「オタクの世界では、いまこんなものがウケている」などと、テーマとは関係のないことを次から次へと発言する人がいたとします。

何の脈絡もなく話が飛ぶので、どうも話の腰を折っているとしか思えません。ふざけているわけではないのでしょうが、やはり眉をひそめたくなります。

しかし、実際に注意深く発言の真意を確認してみると、その人なりに企画会議のテーマを真剣に考えた結果であることが多々あります。そういう人は、アイデアが豊富であるがゆえ、次々に斬新なアイデアが浮かんでくる場合が多いのです。そし

## ●話がよく飛ぶ人の“隠れた才能”

**話しているときに話題がポンポン飛ぶような人は、連想するスピードが速いために、次々と新しいアイデアを生み出していく。ただ、そのアイデアをどう活かすかという実務的なことを得意としない傾向も見られる。**

このタイプの人、いわゆる“アイデアマン”は、企画立案を主とする職場にうってつけの人材といえる

て、そのスピードが速すぎるあまり、まわりから見ると何のつながりもないように見えてしまうというわけです。

前述の発言も、ユニークなゲーム大会とコラボレーションすることで、新商品のPRイベントになると考えていたのかもしれませんし、新人タレントの話題は、まだイメージが定着していないタレントをイメージキャラクターに据えることで、新商品のフレッシュなイメージを最大限に活かそうという意図だったのかもしれません。さらに、オタクの世界をリサーチすることで、販売戦略の方向性を決定付けたいとの思い付きがあったとも考えられます。

話が次々に飛ぶ人は、うまく活用すれば、ほかの人では考えつかないような興味深いアイデアを出してくれるかもしれません。要は、そういったアイデアをどのように引き出してあげるのかは、上司の力量次第ということになるでしょう。

ただし、アイデア豊富な人は、**目のつけどころはとてもよいのですが、そのアイデアを具体的にどう活かすかといった実務的な力量はそれほどない場合が多い**ものです。実務に強い助っ人を配置し、せっかくのアイデアがアイデアのままで終わらないようにしてあげる配慮も必要です。

# 「～だ！」と断定口調が強い人は▼▼▼▼反論を恐れている

電車の中で、会社員風の二人が会話をしていました。話の内容からすると、どうやら先輩と後輩の関係のようです。

気になったのは、先輩格の男性が、盛んに「うちではもっと実力主義を徹底させるべきだ！」とか「B社の○○専務にはかなり気に入られているから、必ず契約が取れるはずだ！」というように、「～だ！」という表現を多用していたことです。

もっぱら聞き役にまわっていた後輩らしき男性は、力強く断定的に話す先輩のことを心底頼もしく思い、「自分も早く、先輩のようになりたい」と憧れているようでした。

ところが、ここには一つ、大きな落とし穴があります。

断定的な表現をした場合、いかにもその本人は口にしたことに対して自信をもっているように見えます。けれども、実際のその人の本音はというと、強気の口調とは裏腹に、一〇〇パーセントの絶対的な自信などはなく、自信がないゆえに、万が一にも反論されてしまったら、相手をうまく説得できないのではないかという不安を抱いているのです。そのため、あえて断定的な表現をすることで、相手からの反論をシャットアウトしようとしているわけです。あるいは、相手が自分の意見に賛同してくれることにより、なんとか自分自身に自信をつけたいという願望があるのかもしれません。

さらには、まずは自分自身を納得させるため、あたかも呪文のように「〜だ！」とか「絶対に間違いない！」などといったような、強い断定表現を使っているともとれます。

ですから、**「〜だ！」といった断定表現を多用する人がいた場合は、その人の主張が本当に正しいのかどうかを熟考してみる必要**がありそうです。

また、このような人は**権威に弱く、先入観で何事も判断してしまう傾向が強い**ともいえます。そして、**思い込みが激しいので、物事の一面しか見ていない危険性**もありますから、その人の主張に偏りがないかをよく判断するよう心がけたいものです。

# 難解な専門用語を多用する人は▼▼▼▼コンプレックスを抱えている

当社の重要な取引先の一つ、Ａ社での商談のときのことです。相手担当者のＣさんは、物腰がやわらかく、言葉づかいもていねいで、身だしなみにも人並み以上に気を使っています。

もちろん、スーツにシワなどはなく、革靴もピカピカ。いかにもデキるビジネスマン然としています。

それだけでもちょっと気後れしそうなのですが、なによりも困るのは、Ｃさんの会話のいたるところに専門用語や難解な言葉、カタカナ語（いわゆる外来語）が使われていることです。

彼はそんな言葉をよどみなく使いながら商談を進めるので、正直なところ、こちらはちょっと会話についていけません。何を言いたいのかさっぱりわからないことも、ままあります。

そこで、「いまのは結局のところ、納入価格を下げないと取引中止にしますということでしょうか?」などと率直な質問をしようものなら、「イエス」とも「ノー」とも言わずに、「そんなこともわからないのか?」とでも言いたげな態度をとるだけ。そうしておいて、また難しい言葉の羅列がはじまるので、ちょっと閉口してしまいます。

そんな、いかにも〝デキる〟感じに見えるCさんに太刀打ちできるのは、彼以上にデキそうなベテラン社員でなくてはとも思うのですが、自分が尊敬する直属の上司はまったく聞き入れてくれません——。

しかし、この場合、その上司がまったく聞く耳をもたないのは、非常に的を射ているといえるでしょう。

なぜなら、Cさんのように難解な言葉や専門用語、カタカナ語などを多用し、小難しい理屈ばかりを並べるような話し方をする人は、じつは自分の能力に自信がない傾向があるからです。あるいは、自分の能力にコンプレックスを抱いているからなのかもしれません。

そのため、**自分の能力を必要以上に高く見せようとして、懸命に専門用語や難解**

**な言葉を羅列し、相手を煙に巻くことで、自分の本当の実力が相手にバレないようにしている**のです。

むしろ、本当の実力者であるならば、どんな相手にもわかるような説明ができるはずなのです。

ですから、Ｃさんのようなタイプの人に対しても、なんら気後れする必要はありません。基本的には、「へえ、そうなんですか」「さすがですね」などと相手を立て、あくまで「自分は教えていただく身」といった態度で平常心を貫けば、とくに問題はないでしょう。

ただし、ビジネスにおいてはどうしても確認しなくてはいけないことが当然あるはずです。ビジネスマンである以上、そのポイントだけは、たとえ相手にイヤな顔をされようとも、きちんと確認しておくことだけは忘れないようにしなければなりません。

## 「だから言っただろう！」という人は▼▼▼▼相手を見下したい

上司に「今回のキャンペーンでは二人一組になってタッグを組み、相乗効果で営業成績を上げようと思います」と意見を述べたときには、とくに「ダメ」といった反応はなかったのに、いざキャンペーンが終わり、思ったほどの営業成績が上げられなかった途端、「だから言っただろう！」とお説教がはじまってしまいました。

この上司は今回のことにかぎらず、「だから言っただろう」というのが口癖。仕事のことはもちろん、たまたま打ち上げに選んだ店のサービスが悪かったり、社員旅行先で天気がよくなかったりといった些細《ささい》なことでも、必ず「だから言っただろう！」を連発するのです。そのくせ、自ら何かを提案するわけではなく、自分が決定するわけでもありません――。

こんな上司では、部下もなかなかたいへんでしょうが、「だから言っただろう」というのが口癖の人は、比較的**自尊心の強い人が多いようです。結果的にうまくい**

だからいったたろう
だからいったたろう
だからいったたろう
だからいったたろう
だからいったたろう
「だから言っただろう」という言葉を発するとき、その人は相手への“優越感”を強く感じている

## ●「だから言っただろう」という言葉の意味

このフレーズは、上司から部下への指導・伝達のような場面で使われるが、頻繁にこれを使う人は自尊心が強く、「自分だけはわかっていた」「自分に責任はない」という意味合いを込めて、自分自身を“フォロー”している。

**かなかったことに対し、自分の責任ではないということを強調**したくて、ついそのように発言してしまうわけです。また、「ほかの人は気付いていないが、わたしだけは、これはマズいとわかっていた。やはり、自分の考えは間違っていなかった」と自らに言い聞かせ、自信を取り戻そうとしているのかもしれません。

このように、他人に対して優越感を感じていたい人の特徴としては、「だから言っただろう」という口癖とともに、「アゴを上げる」といったしぐさがあります。アゴを上げるのは、相手よりも自分の目線を上にしたいからで、目線が相手よりも上にくれば、自然と相手を見下ろす格好になります。動物行動学者デズモンド・モリスによれば、その人のアゴに「優越信号」があらわれるといいますが、この構図が、いわゆる〝相手を見下す〟ポーズにつながるわけです。

「だから言っただろう」と、アゴを上げて話をするクセのある人から説教をされたら、ここは黙って聞き役に徹すること。このような人に少しでも反論しようものなら、ますますあなたに対してかたくなになり、攻撃的になってきます。その反論を根にもち、思わぬところで反撃してくる可能性もあります。とにかく、「だから言っただろう」がはじまったら、ちょっとおとなしくしていたほうが無難でしょう。

## 「わたしって〜な人だから」という人は▼▼▼▼▼依存するチャンスを狙っている

同じ課の後輩A子に、取引先に商品サンプルを届けるよう頼んだところ、「それって急ぎですよね？　わたしって地理が苦手な人だから……」と言って出かけていきました。

この「わたしって〜な人だから」というフレーズは、自分を否定的に見ているかのように聞こえます。「わたしって機械オンチなのよね」「わたしって夜に弱い人で」といった具合です。

ちょっとこのフレーズを聞いただけだと、「自分の短所を把握している。なんとかしたい」と思っているかのような印象も受けるのですが、それにとらわれすぎてはいけません。

じつはこれ、心理学でいう「防衛的自己呈示」、つまり、**自分の短所をあらかじめ前面に押し出して弁解し、失敗したときの逃げ道を確保しておこうとする行動の**

**可能性**があるのです。

地理が苦手だから道に迷うかもしれないし、もしかすると電車を乗り違えるかもしれない。そうしたら、取引先に届けものをするのが遅くなってしまう。でも、わたしは事前に「地理が苦手だ」と言ってあるのだから、責任はもちませんよというわけです。

それればかりではありません。「〜な人」という言い方は、相手の寛容さを引き出そうという〝甘え〟のあらわれと考えることもできます。自分の弱点をわざわざ相手にアピールして見せるのは、その相手へ依存しようという深層心理を反映したものなので、いちいちまともに取り合っていては、のちのち面倒なことにもなりうるのです。

たとえば、「わたしって地理が苦手な人だから」と言われたとき、「そうだね、女性は地図が読めないっていうもんね」などと相手のペースに乗って肯定し、それを受け入れてしまうと、その相手から「これは依存しやすい人だ」とみなされかねません。

そして、そのうち「金沢市って、何県でしたっけ?」などと、ちょっと調べれば

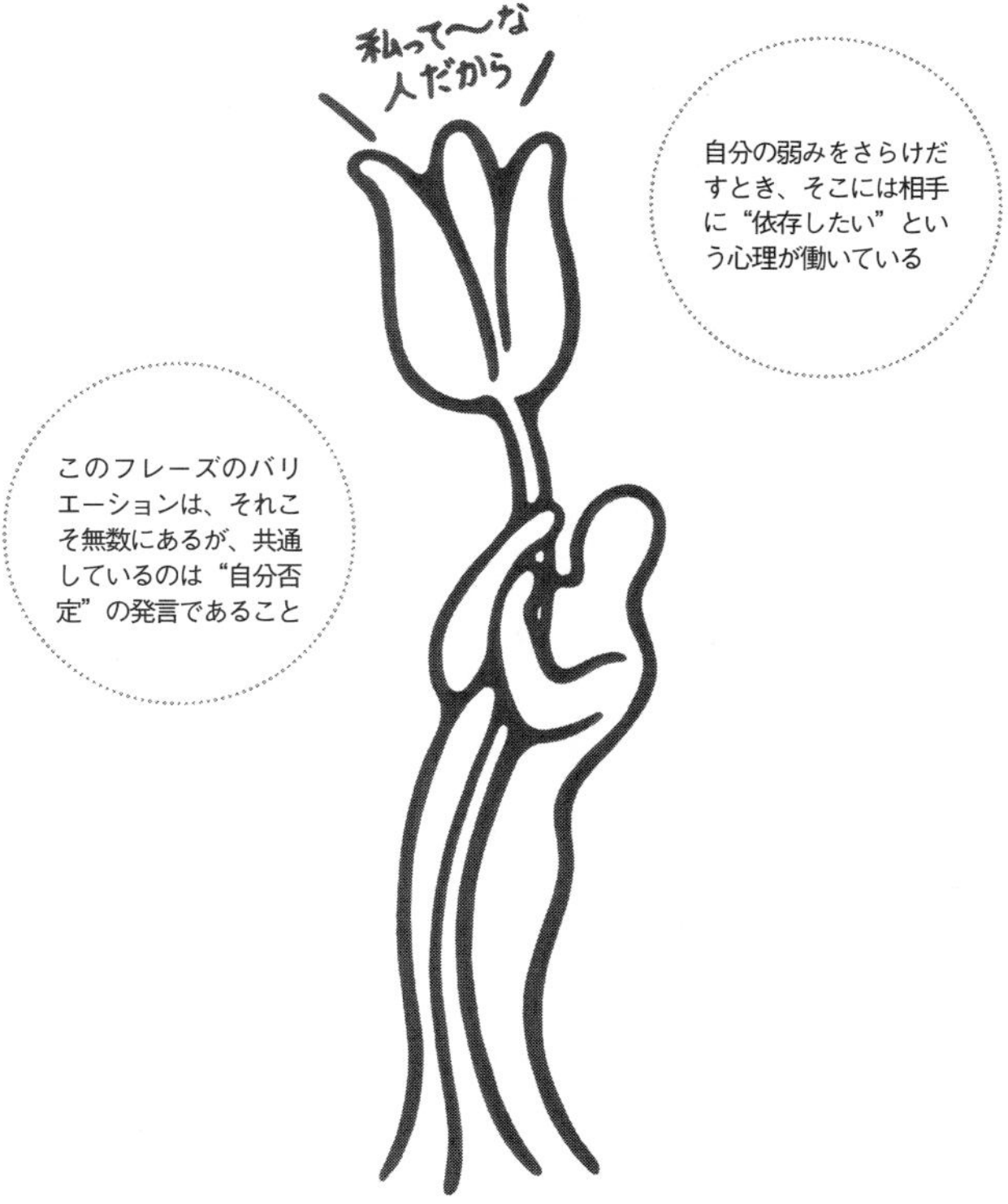
私って〜な
人だから
自分の弱みをさらけだすとき、そこには相手に“依存したい”という心理が働いている
このフレーズのバリエーションは、それこそ無数にあるが、共通しているのは“自分否定”の発言であること

## ●相手に依存したいときに使われるフレーズ

「わたしって〜な人だから」というフレーズのウラには、自分の弱点をさらけ出すことによって、事前に“逃げ道”を確保しておこうという心理が強く働いている。心理学ではこれを「防衛的自己呈示」という。

簡単にわかることでも聞いてくるようになるかもしれませんし、たとえ仕事であっても、自分が苦手だと公言していることや嫌いなことを避けるようになるとも考えられます。

ところで、「～な人だから」といったフレーズは、どうしても女性特有のものと思ってしまいがちですが、最近では、男性でもこれを口にする人がいるようで、会話の途中で突然、「僕って～な人なんですよねえ」とはじまることもあるといいます。

そして、うっかりこれに相づちを打ったり、親身になって聞いてあげたりすると、相手に甘えを容認したものとみなされてしまいます。

あなたがもし、「わたしって～な人だから」と相手に言われた場合には、第三者的な表現のウラにある欲求をよく理解したうえで対応するのがベストだといえるでしょう。

# 軽口が多い人は▼▼▼▼▼飽きっぽく気分屋

いつでもどこでも、思ったことをすぐに口にする人がいます。「おっ、今日も髪形決まってるねえ」「こんないい天気の日に仕事なんかしたくないよなあ」などと、いつもにぎやかです。こういうタイプの人は、口数が多くても話の内容が明るく、陰にこもったところがないので、その軽口も楽しく聞こえます。

また、社交的なので仲間も多いですし、異動や引っ越しなどで新しい環境に飛び込んでも臆することなく周囲に話しかけ、またすぐに新しい仲間をつくることができる。つまり、ひとことで言うと外向的な人で、環境への適応力があるのです。対人関係をうまく保つことは仕事の面でもプラスになるので、サービス業やセールスなどで成功する人には、このタイプが多いようです。

こういう人との付き合いは楽しいものですし、人の世話を焼いたり、誰かを誰かに紹介するといった役割も自ら進んで引き受けてくれるので、自分にとってはとてもありがたい存在といえるでしょう。ただし、あまり頼りにしすぎてもいけません。

軽口が多い人は、気分屋で飽きっぽいという一面があるのです。調子がいいので何にでも関心をもち、大勢の人ともうまくやっていけるのですが、**一つの物事にじっくり取り組むようなことにはあまり向いていない傾向**があります。

ですから、いったん引き受けたことでも、ちょっと時間が経つとすっかり忘れてしまったり、いつのまにかうやむやになっていたりする場合もあります。あてにしていた人ががっかりしても、当人は大したことだとは思っていません。つまり、締まりがなくて無責任といえるような面もあるわけです。

一説によると、とくに政治家にはこの手のタイプが多く見られるようですが、不特定多数の有権者に笑顔で接して自分の公約を掲げてまわるものの、それを果たす確率はけっして高いとはいえないところにも、そんな性格的傾向が垣間見えるのかもしれません。

もっとも、軽口の多い人には「骨惜しみせずに行動する」美点もありますが、誰かに責任転嫁するための軽口や、自己保身のための軽口が目立つようなら、その人はあまり信頼できる相手とはいえないでしょう。

# 「われわれ」を連発する人は「ついてきて」と訴えている

今度、会社で新しいプロジェクトを立ち上げることになりました。そのプロジェクトのトップに抜擢された部長はやたらと張り切り、会議の席でもふだんの会話でも、「われわれは期待されているんだ」「われわれは頑張らなくてはいけない」を連発。

部下であるわたしたちは少々うんざりして、最近では「またわれわれだってよ……」とささやき合うしまつなのですが、部長のその勢いはとどまるところを知りませんでした――。

この部長は、じつはプロジェクトに参加するメンバーたちの〝連帯感〟を高めたいと思っているのです。自分についてきてほしい、メンバー全員が一心同体となってプロジェクトを成功させたい、そのために自分の部下たちに呼びかけをしているわけです。

通常なら、「わたし」と一人称単数形の主語で話す内容でも、**「われわれ」や「わたしたち」などの複数形の主語を使うと、聞き手の意識をグッと引きつけて仲間意識をもたせる効果が出る**といいます。

たとえば、「わたしは健康に気を配っている」と「われわれは健康に気を配っている」をくらべてみましょう。

おそらく、「わたしは～」という発言を聞いても、「ふうん、そうなのか」といった感想しかもちえないのに、「われわれは～」となると、「そうだよな、俺だって脂っこいものは控えてるし、なるべく体も動かしてる」などと、少しは自分のこととして考えるようになるはずです。

「われわれ」や「わたしたち」には、話し手と聞き手の双方が含まれるため、「わたし」などの単数形の主語よりも、お互いの垣根を取り払い、同意を促す効果があるのです。

しかも、無理強いされたように反発を感じることもなく、まるで自分が最初からそう考えていたかのような気分にもなります。

比較的、同族意識が強い日本人は、とかく周囲と同じ行動をとりたがる傾向があるので、とくに「われわれ」あるいは「わたしたち」という言い方に引きずられがちともいわれますが、こういったフレーズに弱いのは、何も日本人だけではないようです。

じつは、アメリカ大統領による演説などをよく聞いてみると、やはり何度も「われわれは」という複数形の主語を用い、力を込めて聴衆に呼びかけているのがわかります。

プロジェクトのトップになった上司が、「われわれは」の効果を知っていて故意に用いているのか、あるいは感情の発露だけで「われわれ」と言っているのかはわかりません。

ただ、部下たちにうんざりされるほど連発するようでは、下手をすると空まわりをしてしまって逆効果にもなりかねませんから、ほどほどにしておいたほうがいいのかもしれません。

## 「要するに」と話をまとめたがる人は▼▼▼▼頭がいいと思われたい「自己中」

居酒屋で数人のサラリーマンたちが飲んでいます。会話を聞いてみると、「オリンピックでメダルの数ばかり気にするのは……」「要するに、マスコミが騒ぎすぎるってことだろ」「日本は経済力はあっても……」「要するに、ハングリー精神に欠けるんだよな」などと、ある一人の男性が話を引き取ってはまとめてばかりいて、ほかのメンバーは、心なしか浮かない顔をしています——。

会議や宴会で、「要するに」「つまり」と言っては話をまとめようとする人。複雑な話や長すぎる話であれば要約する必要もあるでしょうが、この手の人は、どんな話でも先まわりしては、さっさとまとめてしまいます。これは、自分のことを頭がよくて分析力もあると思い込んでいる、評論家気取りのタイプに多いようです。

誰かがおもしろそうな話題を切り出せば、自分は聞き役にまわることになります。しかし、「要するに」と口を出せば、一転、その会話の主役になることができるわ

## ●“仕切り屋タイプ”の人がよく使う言葉

「要するに」「つまり」などといった言葉をよく使う人は、自己中心的で、自分の意見が話題の中心にないと気が済まない。また、この手の人は「場」を仕切りたがる傾向がある。

この手の人は、他人の話の深意まで理解しようとしない傾向がある。上司がこのタイプの人はとくに要注意
「要するに」という言葉を使って「場」をまとめるものの、ほとんどの場合、周囲の人はシラけている
要するに

けです。それでも、べつの話題をもち出して話の腰を折ったり、議論して熱くなってまで相手を打ち負かそうとはしません。そんなことはスマートではないと思っているのです。また内心では、自分の出した話題がつまらないと思われたり、議論で相手に負けるのをひどく恐れているとも考えられます。

ですが、「要するに」ならば、話題をすばやく理解し、「みんなにもわかるようにコメントを付け、まとめてやった」と自己満足できます。本人は自らの知識が自慢で、リーダーシップをとっているつもりなのですが、その発言には、「要するに」とまとめた以上の中身はありません。ですから、かえってほかの人から否定されたり、突っ込みを入れられることもなく、会話はそのままつづいていきます。

しかし、何を言っても「要するに」「つまり」と話をもっていかれる側の人は、だんだん不愉快になります。周囲が黙り込むと、「要するに」を連発する人は、みんなが自分に注目していると勘違いし、ますます「要するに」を使うわけです。

こういったタイプの人は、**会話の表面的な部分を聞き取ることは得意なのですが、他人の話の深い意味までを理解しようとはしません**。また、他人の話の要約ばかりしていても、じつは、自分が中心になってしゃべりたいと思っているのです。

# 「君のためを思って」と言い始めたら▼▼▼▼説教が始まるサイン

上司が部下を叱るとき、よく出るのが「君のためを思って」というフレーズです。これから仕事をやっていくうえで、そんなことではいけない、いや、君の人生のためにも言うことを聞きなさい、というわけです。

これは、いわば説教の前振りですが、この言葉が出ると、とかく話が長くなるものです。短いアドバイスや、ポイントを押さえた具体的な叱り方をするときは、この言葉はあまり出てきません。

つまりこのフレーズは、なかなか言うことを聞こうとしない部下を従わせたいときに使われる言葉なのです。

「〜のためを思って」という類のフレーズは、会社以外でもよく使われます。

たとえば、子どもを叱る母親が、「あなたのためを思って言っているのよ」と言うような状況はよくあるでしょうし、先輩が後輩に対して助言をするときに、「そのほうが君のためにはいいはずなんだよ」などと言ったりすることもけっこうあるはずです。

それまでの自分の生経験の中で感じたことや知ったこと、そして考えたことを子どもや後輩たちに伝えたい、ぜひとも理解してほしいというときに用いられるのです。

しかし、この言葉をあまり頻繁《ひんぱん》に口にするような上司は、往々にして説教好きと考えられます。仕事でミスをしたときや、考え違いをしていたときに叱られるのなら当然であり、少々長い説教を聞かせられるのもいたし方ないのですが、**説教好きな上司は、本題から外れた内容まで話しつづける傾向**があります。仕事そのものや、仕事に対する心構えだけでなく、自分の人生論や個人的な感情をも延々と語り出すのです。

とかく年長者は自分の経験を語りたがるものですが、こうなると、上司としての叱責やアドバイスではなく、もはや上司本人の「自己満足や考え方の押し付け」となり、本当に部下のためとはいえなくなります。

つまり、部下にとってみれば、まさにはた迷惑な時間が過ぎていくことになるわけで、ムダな説教を聞くより、むしろ業務に戻りたいと思っても、そう簡単にはいきません。

しかも、部下がうわの空になって話を聞き流している気配を見せたり、言葉を差し挟んだりしようものなら、その説教はさらにエスカレートし、より高圧的になっていきます。

ですから、「君のためを思って」という上司に対しては、とにもかくにも素直に聞いているという姿勢を見せましょう。

長くてムダに思える説教の中にも、自分にとって、貴重な一言が含まれていることもよくありますから、「役に立つことを伺いました」「今度からはそのようにしてみます」などといった反応を示しておくと、うまく上司を満足させることができるでしょう。

## 「一緒にいて楽しい?」と聞く女性は▼▼▼▼自分は「悪い子だ」と思っている

彼女との初デートの日、別れ際に彼女は、「わたしといて楽しかった?」と聞いてきました。

「気をつかってくれてるんだ、やさしいんだなあ」と感激したものの、その後も彼女は会うたびに、「わたしと一緒にいて楽しい?」と聞いてきます。

そのうち彼は、どうして毎回毎回そんなことを聞くのだろうと、少しうっとうしくなってきました。好きだからこそデートに誘い、楽しい時間をすごしているつもりなのに、彼女には不満なのでしょうか。これからも、しょっちゅう「愛してるよ」とささやいたり、プレゼントを贈ったりしなくてはならないのかと思うと、次のデートに誘うのが面倒な気になります——。

「わたしと一緒にいて楽しい?」というセリフは、ちょっと聞くと謙虚な言葉です。しかし、そこには疑いと不安が含まれています。「こんなわたしと一緒にいて本当に楽しいのかしら？」「内心ではつまらないと思っているんじゃない？」というわけです。

さらには、「わたしなんかより、もっとほかの女性のほうがいいんじゃないの？」といった考えにまで及ぶようになります。

このようなセリフをよく言う女性は、自分は誰にも愛されていないのではという猜疑心《さいぎしん》にとらわれており、人間不信の傾向がありますが、その原因は、いろいろと考えられます。

たとえば、幼い頃、親に愛されずいつも拒絶されていたため、「自分は悪い子なんだ」と卑下するクセがついてしまったのかもしれません。あるいは、以前付き合っていた彼氏に手ひどい裏切り方をされ、その経験からいまだ立ち直れずにいる可能性もあるでしょう。

いずれにせよ、「自分は価値のない人間に違いない」と、理由もなく思い込んでしまっているわけです。

人は誰でも、好きな相手の気持ちを知りたいと思いますから、言葉や態度でそれを確かめることもあるはずです。しかし、**自分に自信のない女性は、つねに確かめ**

**つづけていないと不安**が募ります。自分ではそう思っていなくとも、愛されることばかりを求めてしまうのです。

これでは、彼のほうはたまったものではありません。心から愛していても、いつも「楽しいの？」「本当なの？」と疑いの目で見られるわけですし、「彼女は僕の気持ちをちっともわかっていない」と不愉快にもなります。

ところが、**彼女のほうは自分が彼を疑っているという自覚がない**ので、彼がなぜ不機嫌なのかがさっぱりわかりません。どう考えても「やっぱり、わたしと一緒じゃ楽しくないんだわ……」としか思えず、このままでは両者の気持ちはすれ違うばかりです。

この女性のようなタイプは、その時々での愛の証拠を求めることはせず、ただ素直に相手を愛することからはじめてみると、やがては幸せな気持ちになれるはずです。

## すぐ「でも」と言い返す人は▼▼▼▼▼優柔不断

あなたのまわりに、人の意見にいちいち「でも」「しかし」と反論してくるような人はいないでしょうか。

電機メーカーに勤めるBさんの部下Sさんがまさにそのタイプです。彼は何事においても必ず「でも」「しかし」と言い返してきます。今日も、新しい企画を具体的に考えておいてと命じたところ、「でも、これって実現できますかね？」と少々渋りました。

Bさんは当初、Sさんが自分に反感をもっているのかと思っていましたが、どうやら「でも」「しかし」は彼の口癖のようです。花見を兼ねた新人歓迎会の開催を話し合う際も、同僚に「でも、来週はまだ寒いんじゃない？」と反論していましたが、Bさんは、Sさんが「そうですね」と同調することを聞いたことがありません。

この「でも」「しかし」という言葉は、相手の意見を受け入れることなく否定するものです。それを多用するSさんのような人は、**無意識のうちに相手を攻撃、またおとしめることで、自分が偉くなったような気分**になっているのです。

彼のようなタイプは自己中心的な完璧主義者であり、優柔不断とも推測できます。新しい企画も失敗するのではないか、予算が足りないのではないかという疑問や不安ばかりが先に立って、それらをすべてクリアしないと前へ進めないのです。

また、「どうせ実現しないよなあ、うちの会社の技術では無理かも……」などと、決心がつかないことへの言い訳ばかりして、まとめたり、結論を出したりすることがありません。いわば〝マイナス志向の塊〟ともいえるでしょう。

こういうタイプの人への対処方法としては、「では、あなたはどうすればいいと思いますか?」と、ズバリ考えを求めていくことが肝心です。

ただし、相手が客や取引先の場合はそうもいきませんから、事前にどんな質問にも答えられるよう万全な準備をすることが大切です。

そのうえで、たとえば商談の最中には「要するに、ここを改善してほしいということですね?」というように、「ということは」「つまり」などの締めくくりの言葉を有効的に使っていくとよいでしょう。

## ●「でも」「しかし」は、じつは攻撃的な言葉

一般的に、「否定」の言葉として用いられることが多い「でも」や「しかし」は、相手の意見を否定するのと同時に、無意識の攻撃性を発揮する。そこには、相手を否定して自分を肯定するという、自己中心的な心理が垣間見える。

これらの言葉を多用する人は言い訳が多く、総じて“責任逃れ”をする傾向がある

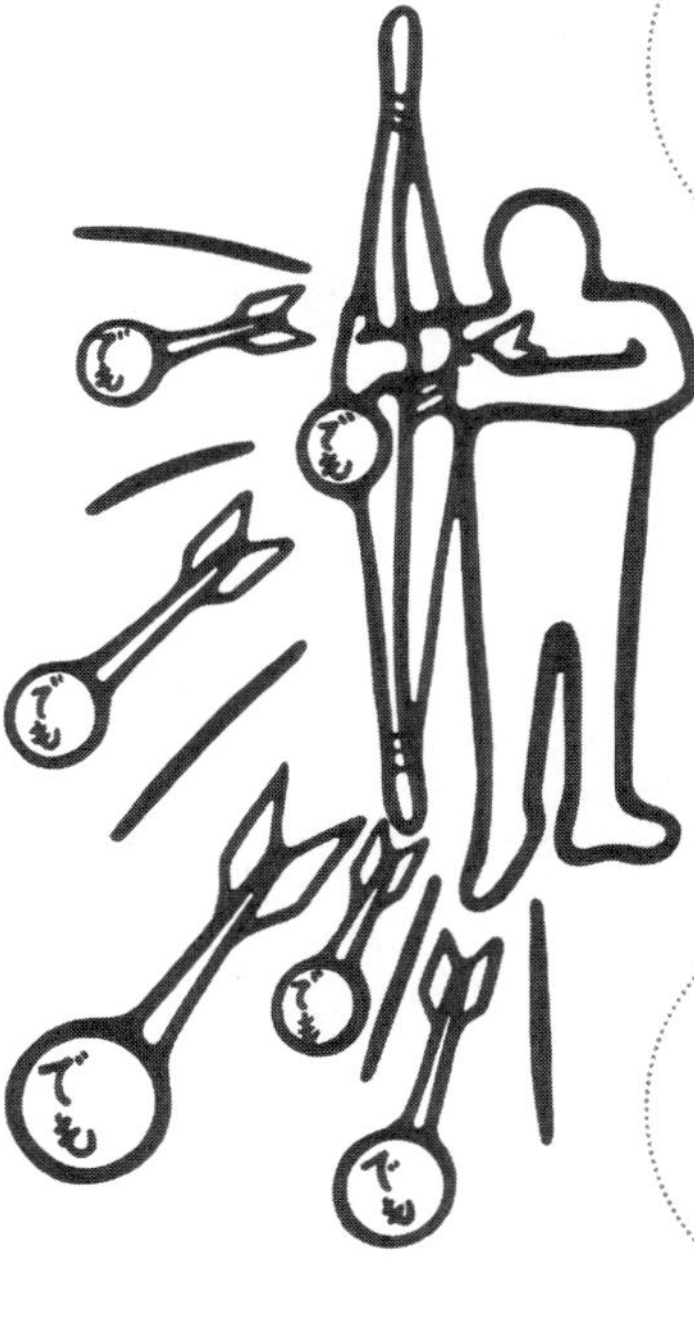


「では、どうすればいいしょうか？」などと、逆に具体的な意見を求めるのが、このタイプの人への一番の対処法

# 「やっぱり」を連発する人は▼▼▼▼▼自己主張が強い

ある日、Bさんが取引先に企画案を持ち込んだところ、正直、相手からはあまりいい返事がもらえませんでした。帰社後、彼は、さっそく上司に「先方の反応はよくありませんでした。もう少しターゲットを絞り込んだほうがいいのでしょうか？　それともまったくべつの案にするとか……」と相談すると、「いや、全部変える必要はない。前に俺が言ったように、やっぱりもっと細かいデータを集めたほうがいい。やっぱり裏付けを固めないとダメなんだよ。でも、あの会社はなかなか手ごわいなあ、やっぱり」と、上司は答えました――。

Bさんにとって、上司の意見はそれなりに的を射たものだったようです。ただ、少し気になることがあります。そう、上司のアドバイスの中に、やけに「やっぱり」という言葉が出てくるのです。これは単なる口癖なのでしょうか。

「やっぱり」は「やはり」という副詞を強めた言葉で、そのあとにつづく（あるい

## ●我の強い人は「やっぱり」を多用する

「やっぱり」という言葉には、そのあとにつづく（または直前の）語句を協調する働きがあり、自分の考えを相手にわからせようという強い“自己主張”が背景にあるといわれる。

「やっぱり」は比較的リズミカルな言葉なので、ただ単に、これが口癖になっている人も少なくない

トラブルを防ぐため、聞き手のほうは、「わかりました」という意味のサインをハッキリと相手に伝えるとよい

は直前の）語句を強調するときに用いられます。たとえば、「やっぱり朝青龍《あさしょうりゅう》は強い」といえば、朝青龍の強さにあらためて感じ入ったことがわかり、「やっぱり飲みにいきたい」といえば、「どうしても酒を飲みたい」という意思表示となります。

何度も「やっぱり」を繰り返し、話の端々に挟む人は、それだけ自分の思いや考えを相手にわからせようという強引な部分が少なからずある、つまり、「自己主張が強い」とも考えられるのです。また、相手が自分の言葉を本当に理解しているのかどうか不信感を抱いていて、「やっぱり」を重ねることで、自分の言葉を強調しようとしている場合もあるようです。

さらに、それほど強い自己主張ではないものの、自分の意見が間違っていないかを確認しながらしゃべっている場合にも、「やっぱり」が多くなる傾向があり、その場合は、相手がどう考えていようが会話が自己完結しがちです。

とにかく、そんな相手には、深くうなずいたり、「はい、わかりました」といったような、ハッキリとした反応を見せると相手を納得させることができるでしょう。

連発される「やっぱり」を、単なる口癖として受け流してしまってはいけないということを、つねに肝に命じておきたいものです。

# 「昔は～だった」と話す人は▼▼▼▼自分を安心させたい

サラリーマンになって三年目のＤさんは、よく部長に飲みに誘われます。部長は自分の父親ほどの年齢ですから、共通の話題などはとくにないのですが、たまたま通勤経路が同じで、家が数駅しか離れていないので、途中下車して「ちょっと一杯」と居酒屋へ連れていかれるのです。Ｄさんはひとり暮らし。毎晩の食事もコンビニ弁当程度ですから、「ま、いいか」とご馳走してもらうことにしています。

もちろん、それはそれでいいのですが、飲むと出てくるのは部長の昔話ばかり。

「俺の若い頃は、こんな時間に帰ることはなかったよ。昔は終電で帰宅というのがふつうだったんだ」

「昔は取引先の仕事仲間ともよく飲んだけどな。役付きになって、接待はあっても気楽な飲み屋通いがなくなったから、こういう店は懐かしいよ」

半分は自慢話か説教じみた過去の経験談なのですが、Ｄさんは話し相手になっていればご馳走してくれるわけですから、「そうだったんですか」「すごいですね！」などと**合の手を入れながら聞き流す**ことにしています。

このDさんの態度は、ズルいようですが正しいものです。おそらく、部長は肩書こそもらって出世しているように見えますが、実際は現場の仕事とは無縁に近い立場ではないでしょうか。決裁の印鑑を部長欄に押すだけ、契約成立後に取引先から招待されてシャンシャンシャンという手締めの席にだけ呼ばれるといったお飾り的立場で、実際の仕事を仕切っているのは、彼の部下である課長のほうだったりするのです。

いまの自分があまり役に立っていないという不安、あるいは課長と能力を比較されたくない恐れから、比較のしようのない過去の自分、あるいはかつて役立ったという実績をもち出して**自分を安心させたい**のです。

だから、Dさんのように肯定的な相づちを入れてあげると心がなぐさめられます。部長にとって、誰かの賛同を得るためには居酒屋の飲み代など安いものに違いありません。ウザいなどと思わず、〝ギブ・アンド・テイク〟と割り切って相手になってあげるのが部下としての心づかいでしょう。

# 「忙しい、忙しい」と連呼する人は▼▼▼▼他人にどう思われているか不安

Ｅさんの部署に、二人の新入社員が配属されたときのこと。一人は「僕、忙しくてしょうがないんですけど、どうしたらいいですかね？」とたずねたり、「何でこんなに忙しいんだろ」とひとりごとを言うなど、やたら「忙しい」を口にしました。

Ｅさんは、彼にそれほど多くの仕事をまわしたり、押し付けたりはしていません。まだ新人ですから、任せられる仕事にも限界があるし、雑用はべつに女子アシスタントがグループごとにいて、事務的な処理は頼めるわけですから、彼の仕事量はそんなに多くはないのです。

それなのに、ランチタイムに携帯電話に友人から連絡が入ったりしたときも、声高に「ゴメン！　いま忙しくてさ、飲みにいく時間までに帰れるかどうかわからないんだ」などと返事をするのです。それを一緒に食事しながら聞いたＥさんは、「言えば定時に帰してあげられるのに……」と、少し不快になったりしました。

しかし、彼を観察しているうちにEさんは理解しました。彼はただ、**「忙しい」ことが有能であることの印のように思い込んでいる**のです。新入社員でたいした仕事もしていないのに、「忙しい、忙しい」と口にしていれば、みんながデキる新人だと思ってくれると考えているようなのです。

たしかに、Eさんの観察は鋭く、新入社員の思い込みを見抜いています。しかし、よき先輩であるためには、Eさんに次のようなアドバイスをしてあげるべきです。

「あまり忙しいと口にすると、わずかな仕事なのに片付かないのは、優秀どころか要領が悪いせいだと思われて逆効果になるよ」

一方、もう一人の新人は、忙しがることもなく頼んだ仕事を確実に処理していってミスもありません。忙しいが口癖の新人のほうは、せかせか仕事をするためにかえって勘違いやミスを連発するという形で、二人のあいだには差が出ていました。

おそらく、自分はこの会社で役立つ社員になれるだろうかという不安が、「忙しがる新人」を生んだのでしょう。彼に本当に有能な社員に育ってほしいのなら、「忙しいなどとは口に出さず、自分の仕事を一つ一つこなしていくことこそ評価される」と理解させるのが先決といえるでしょう。

## 呼びかけに「えっ？」と答える人は▼▼▼▼自己顕示欲が強い

同期入社のK君が、J君のいる部署に人事異動でやってきてから半年が過ぎた頃、K君の妙なクセが気になりはじめたJ君は、彼の観察をはじめました。K君は、J君の呼びかけに一度で返事をしたことがなく、二度三度と呼びかけてはじめて気が付いたように「えっ？」と振り返るのです。それも、疑問形のような尻上がりのイントネーションが特徴です。

まるで「僕に声をかけた？」とでも言いたげな、いまやっと気が付いたといった感じの返事なのですが、それはざわついたオフィス内だけにかぎりません。会社の同期が集まった酒の席でも、自分が呼びかけると、わざとらしく「えっ？」と大げさに振り返るのです。

J君は、K君のそんな態度をはかりかねているようです。

このケースでは、おそらくK君の自意識過剰がもたらした態度と判断するのが適切でしょう。裏にあるのは、K君の「自己顕示欲」なのです。

同期入社の二人ではあるものの、部署内における仕事に関していえば、J君が先輩です。仕事の流れも把握していて、取引相手との関係も築き上げていてコネクションももっています。

そこへK君は配属になり、「同期には負けたくない」という思いと、「何か特別な意図があってこの部署へ異動させられたのだろうと他人に映るようアピールしたい」という気持ちがことさらに強調されて、「えっ?」というワンテンポ遅れた返事に凝縮されたのでしょう。

K君は、J君の存在などまるで気にしていないかのような態度を見せることで、自分はJ君とは違う立場であると主張したい。しかし、じつは気にしていることを告白したも同然の態度なのです。

ただし、何かをたずねられて咄嗟《とっさ》に答えられないとき、考える時間稼ぎのために質問を繰り返してもらおうと発する「えっ?」の場合、この反応はたびたび繰り返されるものではないので自己顕示欲的なものとは区別できます。

# 第4章

# 他人の悪口ばかり言う人は ▼▼ 自分自身に不満がある

ふるまい

ついやってしまう行動の、
自覚のない深い理由

## 合コンでつまらなそうにふるまう女性は▼▼▼▼声をかけられるのを待っている

四対四の合コンに参加したときのこと。女性四人のうち二人は、テンションも高くにこやかで、会話にも積極的に参加してくれます。いかにもこの機会を楽しんでいるといった感じで、けっこう〝脈あり〟な印象です。「この分なら二次会に誘ってもOKしてくれそうだ」——そんな期待を抱かせてくれました。

ところが、あとの二人は見るからにつまらなさそうで、無理やり連れてこられたといった感じ。「あの二人はイヤイヤ参加したんだろうから、いくら話を振っても流されてしまうのがオチ」と、こちらの対応もおざなりになりがちです——。

しかしながら、それは早計かもしれません。

じつは、テンションが低く見える女性二人は、心の内ではそれなりに盛り上がってはいるものの、それをあからさまに見せてしまうと、周囲にあきれられてしまうのではないかと不安に思っている可能性があるのです。

人の心とは複雑なもので、心の内をあからさまに表現することをためらうことが多々あります。たとえば、心理学で「反動形成」と呼ばれる行動もその一つ。この**反動形成とは、心から望んでいることとはまったく逆の行動をとってしまうこと**なのです。

前述の、合コンでテンションが低く見える二人は、じつは大はしゃぎをしたいのですが、あまり露骨にすると〝尻軽女〟といったようなレッテルを貼られてしまうのではないかと恐れたり、「積極的すぎて嫌われるのでは……」といった不安があるために、あえてつまらなさそうな態度をとっているだけなのかもしれません。

ですから、はじめから「断られるだろう」などと思い込まず、気楽に二次会にも誘ってみると、意外なほどすんなりＯＫがもらえたりすることもあります。

一方、テンションが高くて意気投合しているように見える女性二人のほうですが、彼女たちの本音は、「あとの二人がつまらなさそうにしているから、とにかく盛り上げなくっちゃ！」と、必要以上に大はしゃぎしているだけなのかもしれません。

そう書くと、「じゃ、いったいどっちなの？」と言われそうですが、「ことほどさように、人の心は複雑なものと覚えておいてください」といったところでしょうか。

# 上司の言動をマネる社員は▼▼▼▼上司に気に入られたがってる

隣の席の同僚は、よく上司のマネをしています。最初のうちは、当人も意識してモノマネをし、周囲の人たちにも「似てる、似てる！」とウケてはいたのですが、そのうち、上司のちょっとした口癖や行動なども、ふだんの言動に出るようになりました。

上司はとても仕事ができるうえに、人格的にも温和でみんなに慕われています。同僚は、そんな上司に近づきたい、ああなりたいと思っているうちに、同じような言動が身に付いてしまったのでしょう。

じつはこれ、心理学では「取り入れ」と呼ばれる行為で、**憧れたり尊敬している人の言動を自分のものとして取り入れ、同化しようとする無意識の心理**から出るものなのです。この例は、わたしたちの周囲にいくらでも見つけることができるはずです。

たとえば、幼い子どもは、親のマネをして成長します。生物としても、また社会に対応してゆく一人の人間としても、まず親を手本として親のようになろうとするのです。

そして少し大きくなると、親以外にも取り入れの対象があらわれます。テレビの戦隊もののヒーローをマネしておもちゃのマスクを欲しがったり、変身ポーズを繰り返したりするのも、取り入れの一種です。

やがて中高生ぐらいになると、好きな芸能人など有名人の髪形や化粧をマネたりします。こういった有名人はファッションリーダーとも呼ばれ、洋服やハンドバッグなどが雑誌やインターネットで公開されると、ファンたちはわざわざ同じものを買いに出かけ、美容院で「同じ髪形にして」と頼んだりすることはよくご存じでしょう。

また、身近な人物のマネをする行為には、その人物に「同調したい、好かれたい」という意識が潜んでいます。

たしかに、街ゆくカップルや仲良しグループなどは、ほぼ同じ傾向の服装をしていることが多いものです。トラッドなスーツとパンクファッションのカップルはあまり見かけませんし、女子高生のグループなどは、私服を着ていても見分けがつかないほどです。もともと同じような趣味だから仲良くなったにしても、付き合っていくうちにお互いの趣味嗜好に合わせるようになるのです。

ですから、上司の表情や口癖、行動などをよくモノマネするという前述の同僚は、多かれ少なかれ、上司に気に入られたい、自分に目をかけてほしいと思っているはずです。

もっとも、「取り入れ」は人の成長過程ではごく自然な行為です。そして、大人になってからでも、好きな映画評論家がほめていた映画だから見にいこうかと思うようなこともあります。

度を越して自分自身の判断ができなくなってはもちろん困りますが、自分が尊敬する、あるいは好きな人物をほどほどにマネするのも、自らを伸ばす一助になるといえるでしょう。

# 電車で端の席に座りたがる人は▼▼▼▼縄張り意識が強い

通勤時の電車の中での光景です。停車駅で座席の端の席が空いた途端、座席中央に座っていた人がわざわざ席を立ち、空いたばかりの端の席へ移動するのを見かけました。ただ、これは自分も比較的よくする行動で、すでに席を確保しているのにもかかわらず、端の席が空くと、なぜか移動してしまうのです——。

しかし、どうして人は、これほどまでに端の席が好きなのでしょうか。

心理学的には、こうした行動を「パーソナル・スペース」という言葉でよく説明していますが、これはいわば、心理的な「縄張り」のこと。人は動物と同じように、自分のまわりの空間に縄張りをもっているのです。そのため、そこへ他人が入ってくると、警戒心を抱き、落ち着かなくなるわけです。

このパーソナル・スペースの範囲は人によって違います。開けっ広げな性格な人は、その範囲があまり広くありませんし、排他的傾向が強い人は、その逆に広くなります。

ですから、**パーソナル・スペースが広く、排他的な傾向が強い人ほど、電車の中でも息苦しさを覚えてしまいがち**です。それゆえ、席が空いていなかったために仕方なく真ん中の席に座ってはいたものの、端の席が空いたのを見つけた途端、パーソナル・スペースを確保すべく、端の席へと移動してしまうのです。

もし、あなたが始発駅で電車に乗る機会があったら、乗客がどのような席から順に座っていくのかを観察してみてください。まず端の席が埋まり、つづいて中央の席、それから隣の人とあいだを空けるようにポツポツと席が埋まっていくはずです。パーソナル・スペースを確保しようという気持ちから、人は知らず知らずのうちに、少しでも他人と距離をおいて座ろうとするものなのです。

もっとも、乗客が多いラッシュ時やいつも席が埋まる都会の電車内では、そんな悠長にパーソナル・スペースのことなど考えている余裕はありません。席を確保するだけでも精一杯なので、とにかく空いている席から順番に席が埋まっていきます。

ただ、こうしたすし詰め状態に甘んじなければいけないところも、都会で暮らす人々のストレスが高い原因の一つなのかもしれません。

## ●「端の席」を確保したがる深層心理

動物の世界でよく聞く「縄張り」は人間にもあり、心理学ではこれを「パーソナル・スペース」と呼ぶ。その範囲には個人差があって、広い人は排他的、狭い人は開けっ広げな性格傾向がある。それゆえ、電車で端の席に座りがたがる人は、比較的“縄張り意識”が強いと考えられる。

パーソナル・スペース
の中に他人が入ってく
ると落ち着かなくなる
ので、他人から離れる

## 嫉妬深い人は▼▼▼▼浮気願望が強い

女性がやきもちを焼く姿を見て「かわいいな」と思うこともあるのですが、恋人のB子の嫉妬《しっと》は度を越えています。ほかの女性と話をしただけで、「あの子のことが好きなの?」「いま、あの人の足を見てたでしょう!」と絡んでくるのです——。

そんなやきもち焼きの恋人を迷惑に思いつつ、「僕が浮気でもするんじゃないかと心配で仕方ないのだろう」と鼻の下を伸ばしているとしたら、あなたは自分の思い違いをあとで思い知ることになるかもしれません。

なぜならば、嫉妬深いB子さんの心の奥底には、「浮気をしたい」という願望があふれているかもしれないからです。「何を言ってるんだ、浮気が心配なのは彼女のほうだろう!」と反論したくなるかもしれませんが、B子さんがあなたの浮気を心配している背景には、「わたしだって浮気をしたくてたまらない。きっとあなたもそうに違いない」と感じている可能性もあるのです。

**人は本来、自分が願っていることは、きっと相手も同じに違いないと考えてしまう傾向**があり、それを心理学では「投射」と呼んでいます。つまり、自分の欲求をそっくりそのまま相手に〝投射〟させるというわけです。

ただ、この投射という行為は、本人も気付かずにおこなっていることが多いのでやっかいです。表面上、B子さんはとても愛情深くて一途な恋人であり、どう見ても浮気願望があるようには見えません。彼女自身でさえ、自分に浮気願望があるとは気付いていないわけですから、端から見てわかるはずもありません。

そんな抑圧されたB子さんの欲求があなたに投射されてしまい、「きっとわたしの目を盗んで浮気をしたいと思っているはず」という疑惑の目が向けられ、嫉妬深くなってしまっているのです。

ただ、この投射という行為は、嫉妬の専売特許ではありません。「なんとなくあの人は自分を嫌っている」「あの人はわたしを目の敵にしている」と感じたのなら、実際にそのような感情を抱いているのは、じつは相手ではなく自分である可能性があります。「これはもしかして、自分の本音の投射なのだろうか？」と、一度、自分の心の内を疑ってみたほうがいいのかもしれません。

## 傘で素振りするサラリーマンは ▼▼▼▼会社へ行くのを嫌がっている

駅のホームで電車を待っていると、傘で素振りしているサラリーマンをよく見かけます。何も電車を待つ時間を惜しんでまでゴルフの練習をすることもないのにとも思ってしまいますが、よほどのゴルフ好きであれば、ある意味仕方ないといったところでしょうか。

しかしながら、このサラリーマンは、じつはそれほどゴルフに熱狂しているわけではないのです。

この「傘で素振りをする」行動は、「逃避」という心理が働いている証拠。つまり、**何かやりたくないことがあり、それから逃れるためにやっている**のです。前述のサラリーマンの場合、「会社に行きたくない」とか「家に帰りたくない」といった気持ちのあらわれと見ることもできるでしょう。その気持ちが強いために、おとなしく列に並んで電車を待つのがいやで、傘でスイングしてしまうというわけです。

## ●傘で素振りをする行動の意味

この行動は単なるゴルフの練習ではなく、仕事などの辛さから「逃避」したいという心理のあらわれ。人の心は、欲求で行動する「本能的な自我」と、規律で行動する「理性的な自我」、これらをコントロールする「自己意識」の三要素から成り立つが、「自己意識」が疲労すると、「逃避」の行動をとる。

本能と理性とのあいだにギャップがあると「自己意識」が疲労し、その役割（調整役）を放棄したくなる
何らかの“問題”から逃げようとするとき、人は、単純で安易なことに取り組もうとする
自己意識

人は誰でも、試験や書類提出の前夜、本来はさっさと取りかかって済ませなければいけないとわかっているのに、ふだんはしない部屋の片付けをしてみたり、以前読んだマンガ本を読んでみたりした経験があるはずです。じつはこれも「逃避」行動の一つなのです。

こうした心の内を心理学的に分析してみると、基本的に三つの要素から成り立っています。欲求のままに行動する「本能的な自我」と、ルールや規律を守る「理性的な自我」、そして、これらの調整役ともいえる「自己意識」です。ふだんは、自己意識が本能と理性のギャップをコントロールし、うまくバランスを取っているのですが、相反する欲求や考えを調整するのは並大抵のことではありません。自己意識もくたくたに疲れてしまい、自分の役割を放棄したくなることもあるのです。

そんなとき、自己意識のコントロールを失った心の中では、なんとかして心のバランスを取ろうとさまざまな対策を練ります。その一つが、先ほど紹介した「逃避」という行動なのです。

傘でゴルフスイングをしているサラリーマンをどこかで見かけたら、「疲れているんだな……」とやさしく見守ってあげてください。

# エスカレーターの追い越し側を歩く人は▼▼▼▼ やや協調性に欠ける傾向

Aさんが退社するとき、たまたまエントランスで上司であるBさんと一緒になりました。駅までは同じ帰り道なので、そのまま何とはなしに肩を並べて帰ったのですが、駅に着いてエスカレーターへ乗ったかと思うと、「じゃっ！」と一声発し、Bさんは一人でさっさとエスカレーターを歩いていってしまったのです。

もちろん、AさんはBさんとこれから一杯飲みにいく約束をしたわけでもないし、乗る電車も違います。駅で別れることには何ら問題はないのですが、少し不思議に思ったのは、Bさんはエスカレーターに乗るまで、とくに急いでいるそぶりがなかったということです。

当然ながら、急いでいるときは誰でもエスカレーターの追い越し側を歩くものです。けれども、とくに急いでいるわけではないときには、わざわざエスカレーターを歩く必要もないと思うのですが、あなたなら、このシチュエーションではどうするでしょうか。

「べつに急いでいるわけではないけど、ただボーッとエスカレーターに突っ立っているのはイライラするから、いつもなんとなく歩いてしまう」というあなたは、相当にせっかちな性格といえそうです。ただ、ここで気を付けたいのは、せっかちなだけではなく、協調性にやや欠けるきらいがあるということです。

エスカレーターに乗ったとき、とくに**急いでなくても歩いてしまうのは、「自分のペースを守りたい」という欲求が強い傾向**にあるからで、ほかの人と同じく、ボーッとエスカレーターに立っていることが我慢ならないのです。それよりは、自分の足で、そして自分のペースで歩くほうがまし、というわけです。

少々せっかちでも、このこと自体とくに問題があるわけではありませんが、自分のペースを重視する人は、他人のペースに合わせるのが少々苦手といえるでしょう。

また、エスカレーターでは必ず歩くという人は、エスカレーターに立ったままの人を追い越すことに快感や優越感を感じている傾向もあります。つまり、「ほら、わたしのほうが速い」といったところに重きを置いているわけです。こういうタイプの人は、**他人に対する競争意識が高い人**といえるかもしれません。

# 宴会で相手に酒をこまめにつぐ人は▼▼▼▼警戒心が強い

忘・新年会はもちろんのこと、たとえばプロジェクトの打ち上げなどで、同じ部署の仲間うちで飲み会を開くということはよくあるものです。その際、飲みの席をよく観察していると、大きく分けて二つのタイプの人がいることに気が付きます。

飲み会がはじまったばかりのときには、上司へきちんとお酌していたにもかかわらず、酒が進むにつれ、相手へのお酌よりも、もっぱら飲むことばかりになっている人がいるのです。その反対に、上司だけでなく、同僚、果ては後輩に対してもこまめにお酌してまわって、労をねぎらう人もいます。

このようなケースでは、どちらが相手に対して細やかな心配りができているかは明白です。お酌をするということは、「部長のグラスがそろそろ空になるな」とか「今回のプロジェクトで同僚のA君は人一倍頑張っていたから、この機会にぜひ頑張ったことをたたえてあげたい」などと周囲の状況を冷静に判断し、その状況に適した対応ができているということでもあります。これは、日頃から物事の状況を判断してすばやく分析し、いま自分はどう行動したらよいのかを考える能力があるからこそ成しえることといえるでしょう。もし、こんな人が同じ部署にいてくれたら、仕事も安心して任せられるに違いありません。

ただ、いわば無礼講になった席でも、それほど酔うこともなく、ふだんとまったく態度が変わらないような人は、裏を返せば本心を絶対に他人に見せたくないと考える、比較的警戒心の強い人であるということもできます。警戒を怠らないのは、もしかしたら、心の奥底では人には言えないような不満をもっていて、それが発覚すれば、自分の立場が危うくなりかねないことを自覚しているからなのかもしれません。あるいは、何かよからぬことを企んでいて、それを隠すために、必死になって取り繕っているとも考えられます。

もちろん、酒を飲める飲めないという体質的な違いもあるでしょう。とはいえ、飲みの席でお酌をこまめにしてくれる人は、いつも冷静で頼りになる反面、その本心がわかりにくいタイプである可能性も否定できないということを、つねに肝に銘じておいたほうがいいでしょう。

## ●こまめにお酌する人のホンネ

**飲み会などの席で、上司や同僚に対してこまめに酒をついでまわる人がいるが、この手の人は気配りができて、周囲の状況を的確に判断できる。その反面、本心をさらけ出したくないという“警戒心”も抱いている。**

基本的に、このタイプの人は自分の立場をわきまえ、周囲の人に対する思いやりもある“いい人”
不満が発覚することを恐れ、「自分が酔えば、そのことをしゃべってしまうかも……」という警戒心がある

## 自分から打ち明け話をする人は▼▼▼▼ホンネを聞き出そうとしている

Eさんは、会社の同僚Dさんから、帰りに一杯飲もうと誘われました。Dさんは、社内でも噂好きなことで有名です。「さては、新しくこの課に配属された自分のことを探るために誘ったんだな」と直感で思いましたが、あくまで自分は新入り。無下に断るわけにもいかず、Dさんの誘いを快く受けることにしました。

居酒屋に入ったあとは、やはり根掘り葉掘り聞かれるのだろうと、なかば覚悟を決めていたところ、意外にも打ち明け話をはじめたのはDさんのほうでした。

「じつは俺、この前の会議で課長に失言をしてしまってヘコんでいるんだ」とか「いま彼女とケンカ中で、ちょっとヤバイんだよ」など、まだそれほど親しくない自分が聞いてもいいものかと戸惑うほどの内容でした。

でも、そんな本音を素直に自分に話してくれたDさんに、Eさんはいつのまにか親近感を覚えていました——。

## ●打ち明け話をする人には要注意

**それほど親しくもないのに自分の打ち明け話をしてくる人がいる。人は心を開かれると、お返しに自分も心を開かねばという心理が働くものだが、安易に自分の重要な秘密を明かしてしまうと、とんでもない事態になることもありうる。**

相手の告白に対する
"お返し"の告白を、
心理学では「自己開示
の返報性」という
打ち明け話をする側に
とっては、じつは本音で
打ち明けているという
"ポーズ"かもしれない

「ホンネとタテマエ」の論理で行動しなければならないことが多いビジネスの場において、隠しごとなく本音を語れる仲間ができることは貴重なこと。お互いに本音を話すことで、その関係は次第に緊密なものになっていくからです。

しかしながら、これはあくまでお互いが本音を話している場合にのみ成り立つ関係といえます。

たとえば、前述のDさんの場合は、相手に知られても問題のない範囲で、いかにも本音を打ち明けているといったポーズをとることにより、あなたの信頼を勝ち取ろうとしたとも考えられるからです。

人は、**相手から心を開かれると、自分は信頼されていると思い込み、お返しに自分の心も開かなくてはといった気持ちになりがち**です。これを心理学では「自己開示の返報性」と呼びます。「相手が自分を信頼して本音を言っているのだから、わたしも相手を信頼しなくちゃ」といった気分になってしまい、気が付くと、自分だけが重要な秘密や本心をさらけ出していたということにもなりかねません。

とくに親しい関係でもないのに、自ら進んで打ち明け話をするような人と付き合う際には、少々慎重に対応したほうがいいのかもしれません。

# 会議のとき、角の席に座る人は▼▼▼▼▼発言を求められたくない

Ｃさんが所属する営業二課では、毎週金曜日の朝に定例会議がおこなわれます。会議室には大きな四角いテーブルが置かれていますが、Ｃさんはプロジェクトリーダーになっているため、長方形の短辺にあたる一人用の席にいつも座ります。ところが、その時々で座る席が変わるほかの社員のうち、部下のA子さんだけは、なぜかいつも、Ｃさんからもっとも離れた角の席に座るのです――。

このA子さんの行動から判断すると、彼女は会議にも仕事にもあまり興味をもっていないといえそうです。なぜなら、テーブルの長辺の角の席は、いちばん目立たない席。そのような席にいつも座りたがるのは、「会議で発言を求められたくない」という心理状態のあらわれと考えられます。

ではその反対に、会議への意欲がある人は、いったいどの席を選ぶのでしょうか。

Ｃさんがいつも座る一人用の席は、別名「リーダーの席」とも呼ばれます。ほか

のメンバーからも見えやすく、会議を積極的に引っ張っていこうという人が好んで座る席だからです。もしあなたが、Cさんのようにリーダー的な立場だったり、リーダーではないものの、意欲をもって会議に参加し、あくまで積極的に発言したいと思っているのなら、この席がもっともふさわしい席といえます。

また、同じく「リーダーの席」ではあるが、ほかのメンバーと親睦《しんぼく》をはかりつつ和気あいあいとやっていこうと考えているのなら、長辺の真ん中にあたる席が最適でしょう。この席は、一見してリーダーとわかるような突出した席ではありません。しかしながら、位置は真ん中なのでどこからでもよく見えるし、また、ほかのメンバーと並んで座っているため、メンバーたちも親近感を覚えやすくなります。

このほか、二人だけのときにも、相手がどのような位置に席をとるかで、その人の心理状態を推し量ることができます。このケースでは、角を挟んで垂直に腰かけるのが、もっとも一般的といえますが、あなたと面と向かって座る場合は、議論する気満々。並んで座ったのなら、これから一緒に協力してやっていこうという意思のあらわれといえます。また、二人なのに、なるべく離れて座ろうとしているのなら、その人とはあまり良好な関係とはいえないでしょう。

# ていねいすぎる言葉づかいをする人は▼▼▼▼距離を置きたがっている

同期入社のB君とは、それほど親しい間柄ではないものの、今年の人事異動で同じ広報課へ配属になりました。せっかく彼と同じ課に配属になったので、これを機会にもっと打ち解けたいと思っているのですが、ちょっと腰が引けるのが、B君の言葉づかいでした。同期にもかかわらず、〝ドていねい〟に感じるほどの言葉づかいなのです。B君はよほど育ちがよく、厳しくしつけられたために、同期の自分たちにもていねいに接してくれるのだろうと思いながらも、なんとなく落ち着きません。クライアントや上司に対してならいざ知らず、自分にまでそうされると、なんとなく気後れしてしまうのです――。

さて、このようなB君の態度は、単にしつけというよりも、B君の心の問題という可能性もあります。必要以上にていねいすぎるふるまいは、周囲に対してやっかみをもっているときにも起こりうるからです。

たとえば、本心では「出身大学も家柄も、ずっと自分のほうが上なのに、なぜかアイツは上司にウケがいい。仕事の能力だって自分のほうが上に決まっているが、真っ向からアイツと勝負したら、上司から反感を買ってしまいそうなので、ここはひとつ、おとなしくしていよう」といった心境でいる可能性もあるでしょう。

そのため、「どうせわたしはおもしろみがないと思われているはず」とか「いくら仕事の能力が高くても、それを評価できない無能な上司ばかりだから、こんな扱いを受けている」といった〝ひがみ〟が生じている場合があるのです。

さらに、ていねいすぎる言葉づかいは、**相手との距離を縮めたくないという心のあらわれ**の場合もあります。

通常なら、何らかの格差があっても、互いに相手のことを理解していけば、言葉づかいも自然とぞんざいなものになります。友人同士の会話がいい例でしょう。ビジネスシーンで、それと同じようにフランクな物言いをすることはないでしょうが、それでも打ち解けてくれば、多少の言葉の変化はあるものです。それなのに、いつまでたってもていねいな言葉づかいをする人は、警戒心が強く、多少なりとも相手と距離を置いていないと安心できないタイプといえそうです。

# 叱られたとき、すぐ謝る人は▼▼▼▼▼じつは悪いと思っていない

新入社員の中で、もっとも優秀だといわれている女性社員が、入社して半年経った頃、はじめてミスらしいミスをしました。

上司が呼び出して事情を聞き、叱ったところ、彼女はすぐさま「すみませんでした」と謝罪、そのあとも「すみません」を連発しました。優秀な彼女のことだから、よほど反省しているのだろうと、上司はまた感心したようです――。

しかしながら、本当にこの上司の思うとおりなのでしょうか。心理学では、人に叱られたときなどのストレスへの対処法を「コーピング」といいます。人は叱られるとストレスを受けますが、それを軽減・除去するために、何らかの行動をとるものです。それがコーピングで、その人の本心や性格があらわれるといわれます。

上司に叱られた際は、「言い訳をする」「他人に責任転嫁する」「反論する」など、コーピングにもさまざまなタイプがありますが、**すぐに謝るのは「早く謝れば一刻**

**も早くこの状況から逃れられる」という心理のあらわれ**。つまり、反省よりも何よりも、ストレスの要因を早く取り除き、逃避することを目的としているのです。

また、このウラには、自分の非を認めて謝ってしまえば説教はすぐ終わるだろうし、あまり厳しくは叱られないだろうという〝計算〟もあるでしょう。言い訳をしたり反論をしていては、さらに上司は機嫌を損ね、話がこじれる可能性もあります。ミスをしたことは事実なのだから、さっさと謝って恐縮したところを相手に見せ、その場をおさめてしまおうというわけです。

「すみません」は多くの意味をもつ言葉で、謝罪だけではなく、「ありがとう」「ちょっと失礼」など、あいさつの言葉としても頻繁《ひんぱん》に使われます。トラブルを避けるための便利な言葉でもあり、誰かとぶつかったときなどに「すみません」「いえ、こちらこそすみません」と咄嗟《とっさ》に出るように、誰もが口にしやすいのです。実際、「すみません」を口癖にし、あらゆる場面で使っている人も多くいます。

謝罪ならば、「ごめんなさい」「申し訳ありませんでした」などの言葉があります。叱られたとき、反射的に「すみません」を口にしてそれを繰り返す人は、じつのところ、あまり反省していないことも多いのです。

# 他人をほめる人は▼▼▼▼自分をほめられたがっている

先日、Aさんの会社で人事異動があり、同期入社の男性社員Bさんが隣の席にやってくることになりました。Bさんは同い年だし、きっと話も合うだろうなと彼は喜んでいたのですが、やってきたとたん、彼は何かにつけて自分とAさんを比較します。

たとえば「へえ、○○大学出身か、すごいな君は。僕なんかとは大違いだ」「いい時計だね、僕のはこんな安物だけど」といった具合です。

その社員が比較の対象にするのは、Aさんばかりではありません。「課長よりは僕のほうがパソコンに詳しいな」などと、本人に聞こえないところで、自分のほうが優越感をもてる部分を見つけては喜んでいるのです。毎日毎日そんなことを聞かされ、Aさんはほとほと嫌になっています——。

人というものは、いつも周囲と比較されています。学校や仕事の成績や能力、出世の度合いから、容姿や性格、はたまた家柄などのはっきりした基準のないものまで、くらべられたり順位を付けられたりするのです。

これは、「自分は自分、他人は他人」なのだとわかっていても、やはり比較されると誰しも気になるものです。

それればかりではありません。人は、自分と他人をくらべて自らを評価することがあります。そして、自分が上だと思えば優越感を抱き、下だと思えば劣等感にとらわれます。心理学者フェスティンガーは、この「社会的比較」は心理的に安定した生活を送るための行為だとしています。

たとえば、周囲の人が勉強なり仕事なりで頑張っていると、自分も同じように頑張らなくてはと思いますし、自分が周囲と同じような社会的レベルにあると思うと落ち着いた気分でいられます。

また、周囲とあまり違いがなければ、身近なところに行動指針があるので、日常の行動でムダに迷うこともありません。

ですから、何かにつけ、いつも自分と他人とをくらべているBさんの場合も、自分への評価を明確にすることで、心理的な安定を得ようとしているのだと考えられ

## ●他人と自分を比較するワケ

人は本能的に自分と他人とを比較し、自分が上であれば優越感を、下であれば劣等感を抱く。心理学者フェスティンガーは、これを「社会的比較」と定義し、自分が心理的に快適な生活を送るための行為の一つとしている。

「社会的比較」は、自分と同じような立場にある人(学校の同級生、職場の同僚など)を対象にしておこなわれる

比較対象と自分とのあいだに“レベルの差”がなければ、少なくとも心理的な安心感は得ることができる

ます。

しかし、自分と他人との比較を過剰に気にし、優劣ばかりに一喜一憂するのは考えもの。Bさんの場合は、心理的な安定をはかるための「社会的比較」などではありません。むしろその逆で、自分への評価ばかりに目を向けるようになっているわけです。

こういうパターンに陥るのは、**劣等感の強い、自分に自信のない人や、他人の目を気にする同調傾向の高い人に多い**ようです。そのため、他人からの評価や視線をいちいち否定的に解釈しては、それに対抗しようとして自分と他人の比較ばかりするようになるわけです。

ただし、こういったタイプの人は、自分なりの価値や長所を発見し、それを自覚することができさえすれば、自分と他人との比較をあまり気にしなくなるといえるでしょう。

# やたらといばる上司は ▼▼▼▼ 劣等感が強い

会社などの大きな組織の中には、やたらといばる人がいるものですが、その人に地位や肩書があれば、部下たちは往々にして従わざるをえません。

こういった人は、周囲を思いどおりにコントロールしたいという「支配欲求」と、他者からの高い評価を求める「承認欲求」が強いタイプと心理学ではみなされます。通常の行動をしていても周囲から尊敬される人であれば、本人も意識しないうちに承認欲求が満たされているので、わざわざ周囲にいばる必要はありません。しかし、支配欲求、承認欲求ばかりが強い人は、無理を重ねることになります。

よく、実力のない人ほどいばりたがるといいますが、そもそも**「いばる」という行為は、実力のない者がその地位を笠に着た言動をとること**です。周囲の思惑などおかまいなしに行動し、部下に対しても強く接する上司もいますが、実力が伴っていれば部下たちもあまり不満には思いません。

ところが、実力が伴っていないのに地位や肩書をもっている人、また、それを過剰にとらえて部下にバカにされたくないと思っている人は、意味もなく権力を振りかざしたり、自慢話をするようになるのです。いわば〝空いばり〟ですが、これは劣等感の裏返しといえます。

人は誰でも、何らかの劣等感をもっています。端から見ると欠点がなさそうな人でも、「身長が低いのが悩みで……」「出来のいい兄がいて、いつもひがんでいた」などと、意外なところで劣等感をもっているものなのです。その劣等感を自覚して克服しようとしたことが、努力を引き出す大きなバネになったわけです。

しかし、自分の価値を客観的に判断することができなければ、劣等感は努力に結び付きません。自分の存在理由に対しても不安なままで、確かな思いを抱くことができないのです。それぞれの人が抱く劣等感は一つではありませんし、それらが複雑に絡み合うと、やっかいな「劣等コンプレックス」が生じます。

そして、人を見下したい、見下さなくてはというあせりから、自己中心的で権威的な性格になるのです。しかも、部下たちが自分を尊敬していないことに気付いているので、ますますいばらざるをえないという悪循環から抜け出せないわけです。

# 他人の悪口ばかり言う人は▼▼▼▼自分自身に不満がある

四六時中、他人の悪口を言っているような人がいます。理由はなんでもいい。その人にとっては、どんなことでも悪口の対象になり、これでもかというほど他人の悪口を言いつづけることができるのです。

最初のうちは、「この人がこんなに怒っているのは、おそらくなんらかの正当な理由でもあるのだろう」と思うことでしょう。しかし、すぐにそうではないことがわかります。

現実的に、他人の悪口を言わない人はあまりいません。誰かとトラブルになったり嫌な思いをしたあとなどには、その相手に悪口の一つぐらいは言いたくもなりますし、とくに理由が見あたらないのに虫の好かない相手についてもけなしたくなります。

また、同僚が自分より早く出世したりすると、「ちぇっ、あいつはゴマすりがうまいからなあ」「調子がいいのはどうせいまだけだろう」などと、嫉妬から悪口を言うこともあります。

しかし、そんな悪口にもじつは効用があり、心の中のわだかまりをあえて口に出すことでストレスの発散になり、気分を変えて、また次の行動に移ることができるのです。

ところが、悪口ばかり言っている人は、他人のアラ探しに余念がありません。ですから、逆にこの手の人に気に入られようとしてもムダですし、周囲の人が意見しても火に油を注ぐことになるだけですから、そっとしておく以外に対処のしようはなさそうです。このような人は、とくに怒りの対象があるわけではなく、じつは自分自身にイライラしているものと考えられます。

現代社会で多いのは、劣等感から生じた嫉妬による悪口です。

自分の欲求や願望を実現した他人をうらやむあまり、つい、けなしたくなるのです。そして、その対象が自分の身近な人であればあるほど、その嫉妬はさらに深まります。

また、自分の欲求や願望をほかの誰かに置き換えたり、ふだん抑圧している認めたくない部分や欠点を誰かに投げかけて非難することを、心理学では「投射」といいます。

たとえば、気の弱い人を見て「あんな弱気じゃ何やったってダメだね」と非難してはいるものの、じつは当の本人が気の弱さに悩んでおり、自分にもあてはまることが我慢できないわけです。

つまり、他人への悪口ばかり言っている人は、じつは自分への不満が多く、自分自身を許せないといえるのです。

嫉妬からくるやっかみを、「よし、それなら俺も頑張ろう」とプラスに転化させることも、他人の欠点を見て「あれじゃあ、いけないな」と自分の行動の指針にすることもないので、いくら他人の悪口を言ってもストレスの発散ができないままになるわけです。

## 気安く体に触れてくる人は▼▼▼▼自信家で勝手気まま

Aさんの取引先の担当者が転勤したため、新たな担当者Bさんがあいさつにやってきました。初顔合わせのミーティングのあとは、親睦《しんぼく》のためにと飲みにいったのですが、Bさんはやたら親しげで、強引に握手を求めたり肩をバンバン叩いたりします。もちろん、男同士なので嫌らしい感じはしないのですが、会って間もないというのになれなれしくて、ちょっと戸惑ってしまいました――。

欧米人は、ビジネスの場でも握手をしたり軽く抱き合ったりするスキンシップの習慣がありますが、日本人はめったに互いに触れ合いません。触れ合うのは、酒を飲んで肩を組み、大声で歌を歌うときなど、ごくかぎられた場合だけです。

ですから、初対面のときから気安く体に触ってくる人は、日本人の習慣に無頓着で、相手がどう思うかといったことを気にせず、自信にあふれています。おそらくその人は体格がよくて声も大きく、満面の笑みで人に接するという、政治家やワン

## ●すぐにスキンシップをとる人の性格

初対面でも親しげに体に触れてくる人は、相手の気持ちやその場の空気をあまり気にすることなく、自信にあふれた態度で接してくる。この手の人は面倒見がよいという長所もあるが、往々にして勝手気ままなマイペース人間といえる。

体に触れられたほうの人は、相手のペースに乗ってしまわないように注意したい

なれなれしいスキンシップは、場合によってはセクハラなどの圧力行為とみなされることにもなりかねない

マン社長によくいるようなタイプではないでしょうか。「よしよし、大船に乗ったつもりで万事この俺に任せておけ！」といった気持ちでいるのです。

こういったタイプの人の長所は、開けっ広げで面倒見がよく、社交的だということ。体の接触で感情を通わせられると思っているので、気に入った相手にはいろいろと便宜をはかってくれることでしょう。ただ、相手の感情は気にしませんし、その場の状況に合わせた行動をとろうなどとはあまり思っていません。

注意するのは、いくら**その人が親しげにふるまったからといって、こちらがそのペースに乗ってはいけない**ということです。打ち解けたつもりで気安く接しては機嫌を損ねることでしょうし、何かのトラブルで怒らせようものならすぐに「目をかけてやったのに、なんだあいつは」ともなりかねません。

あちらはあくまで親分のつもりでいて、こちらを子分とみなしているわけですから、ていねいな態度は崩さないようにし、ほどほどの距離を保つよう心がけます。また、何か失敗をしたと思ったら、このタイプは言い訳や弁解を嫌うので、すぐに謝るようにしましょう。こちらはこちらで自分のペースを守ることが、体に触れたがる人とうまくやっていく秘訣なのです。

# 占い好きな人は▼▼▼▼失敗から学習しない

Ａさんが付き合っている彼女Ｂ子さんは、占いが大好きです。付き合いはじめてから間もない頃は、雑誌の占いページを見て「今週のラッキースポットは海ですって。ドライブにでも行ってみましょうよ！」などというＢ子さんを、Ａさんはかわいらしくも思っていました。

ところがそのうち、「彼氏に浮気の可能性ありですって……。ねえ、あなたは大丈夫よね？」などと真顔でしつこく言われたりして、占いへの依存がだんだん度を越しているような気がしてきました。

信じている占いの種類も、星座、血液型、人相、手相、風水……、ほかにもまだまだあって数えきれません。引っ越しや仕事のことまで、あちこちの占い師のところに出かけては相談しています。Ａさんは、占いにかかるお金もバカにならないし、いいかげんにしろよと何度か言ったものの、Ｂ子さんはまったく聞く耳をもちません――。

最近では、男性向けの雑誌や夕刊紙にも占いのページがありますし、政治家が占い師の助言を受けていたといったスクープもなされます。それでもやはり、わたしたちの周囲には占い好きの女性が多いようです。

占いに頼りがちな女性は、これといった悩みや心配事がないときでも占いを気にする傾向があります。そして、うまくいっている彼との関係に対しても、いつヒビが入るのかとつねに不安に思うなど、不安症や心配症とでもいえるような面をもっています。

また、自分の判断にいつも自信がもてず、「判断を間違えたらどうしよう」「不幸になったらどうしよう」などと迷ってしまいます。そのため、決断力にも欠け、あれこれと考えはするものの、その結果を行動に反映させることができないでいることがよくあります。

ですから、占いを信じない人や興味のない人にとってはまったく理解し難いことですが、大事な問題ほど占いに頼ろうとするのです。

もちろん、こういったタイプの人たちも、占いに頼る前に、ある程度は自分でも決定を下してはいます。それでも、何かに依存したいという思いが強いので、占いによって進むべき方向をはっきりさせ、背中を押してほしいと願っていると考えられます。

ただ、**何か失敗をしたり、うまくいかないことがあったりしても、それを自分のせいではなく占いのせいにするといった傾向**も、この手の人には少なからずあるようです。

人は、自分の判断や行動が誤っていたと思えば、それを反省して同じことを繰り返さないよう学習するものですが、占いにばかり頼っていると、「あの占いが外れたから……」としか考えられないようになりがちなのです。

しかしながら、そのような言い訳は、社会ではもちろん通用しません。自分のミスを運のせいにばかりしていては、無責任な性格となってしまうおそれもありますから十分注意が必要です。

# レシートをクシャクシャにする人は▼▼▼▼自覚のないストレスを抱えている

デートで行ったレストランでのこと。食事の支払いを済ませたあと、彼氏が、おつりと一緒に受け取ったレシートを、手で握ってクシャクシャにしているのを目にしました。

彼女には、その日の彼がなんだかとてもイライラしているように見えました。もちろん、彼女に対しては、いつもどおりのやさしい彼でしたが、かねてから彼の会社は経営不振といわれていたので、もしや仕事がうまくいっていないのではないかと、彼女は心配になっています――。

人はよく、手にしていた紙片をいつのまにか握りしめていたり、クシャクシャにしてしまっていたりすることがあります。また、どうせ捨ててしまうレシートなのに、わざわざ丸めたり、ビリッと破いてからゴミ箱に捨てることもよく見られます。

ただ、このような行動をとるときには、何らかのストレスを抱えている可能性も考えられます。

テレビドラマや映画では、作家が執筆に行き詰まると、髪をかきむしって書きかけの原稿用紙をクシャクシャに丸め、ゴミ箱に放り投げるといったシーンをしばしば見かけますが、あれも、思ったように書けないというストレスをあらわしたものです。

ちょっと意識して、手近にあるいらない紙をクシャクシャにしてみてください。結構ストレス解消になると思いませんか。

「紙切れなんかじゃ、とてもストレス解消にならない」というケースでは、もっと大きなものにあたることもあります。

たとえば、「今日はおもしろくないことがあったからムシャクシャしている」と、ボクシング用のサンドバッグを叩く人もいるでしょうし、無意識のうちに部屋のクッションを丸めたり、電柱を蹴飛ばしたりしていたという行動も、その一種でしょう。

また、ストレスの原因が何なのか自分ではっきりわからないまま、あるいは自分がストレスにさらされている自覚がないままで、何かにあたっていることもあるようです。

ちなみに、ネコがネズミを追いかけて穴の中に逃げられてしまったときに、穴の入り口付近でやたらと毛づくろいをしはじめたりするのも、ストレスを解消するための行動だといわれています。

心理学では、このように直接ストレスの原因に向かうのではなく、唐突に関係のない行為をしたり、べつのものにあたってストレスを解消したりすることを「転位行動」と呼んでいます。

日常的にこのような行動を繰り返す人は、性格的に繊細なタイプといえます。比較的すぐにストレスをため込むので、些細《ささい》なことでもすぐに悩んだり、ちょっとした失敗を大げさに考えたりしがちなのです。そのため、べつの行為や、物にあたるという転位行動をしてしまうわけです。

# 別れ際、相手が振り返らなかったら▼▼▼▼おそらく、脈なし

人は、無防備な後ろ姿にこそ本音が隠されているともいいますが、じつは別れ際の態度からも、相手の心理を推し量ることができます。

ある男性社員Ａさんとその同僚は、取引先の女性社員との合コンに参加しました。彼は好みの女性に話しかけるなどして、とても楽しい時間をすごしました。

やがて、早めに帰らねばならないというその彼女を、Ａさんが居酒屋の前で見送ることになりました。彼女は「さよなら」と背を向け、すぐにその場を立ち去っていきましたが、彼女に気があるＡさんは、そのまま彼女の後ろ姿を見送ります。

ふつうならここで、一度くらい彼女に振り返ってほしいと思うのが男心ですが、実際、彼女のほうにも好意があれば、ちょっとでも振り返るのではないでしょうか。

なぜなら、相手に関心があれば別れを惜しむ気持ちになるはずですし、〝背中に視線を感じる〟ことは、往々にしてよくあることだからです。

また、振り向いたときにお互いの目が合うことを、心理学では「インタラクショナル・シンクロニー」ということもありますが、これは、当事者のその直前の思い出や残像が呼び起こすものなのです。

では、この二人の場合はどうだったのでしょうか。

残念ながら、Aさんの期待もむなしく、彼女は一度も振り返ることなく角を曲がっていきました。一度も振り返らなかった彼女は、インタラクショナル・シンクロニーどころか、Aさんに関心を抱いていなかったのかもしれません。

でも、だからといってAさんが必要以上にがっかりすることはありません。彼女が振り返らなかったのは単に、その人の性質によるものともいえるからです。

当然、なかには「早く一人の世界に戻りたい」という思考パターンになりがちな人もいます。そういう人は、デートであろうと合コンであろうと、立ち去った瞬間に外の世界と自分とを遮断し、自分だけの世界に戻ることができる人なのです。もちろん、これは性格の良し悪しには関係ありません。

ただ、もし彼女もAさんに熱烈な関心があれば、そうあっさりとは立ち去らなかったのではという気はしますが……。

# 初対面で急にタバコを吸い出した人は▼▼▼▼劣勢をカバーしようとしている

ふだんはなにげなく吸われているはずのタバコですが、吸い方や吸うタイミングで、その人の心境を推し量ることができることをご存じでしょうか。じつは、タバコと心理は密接に結び付いているのです。

ビジネスマンのCさんは、ある喫茶店ではじめての商談相手Bさんと対面しました。Bさんも少々緊張していたようですが、話の途中、Bさんはおもむろにタバコを取り出すと、火をつけて吸いはじめました。そのときCさんは「タバコを吸うなんて、この人余裕があるのかなあ……」と、少しばかり感心してしまいました。

たしかに、顔を上に向けて「プハーッ」と煙を吐き出すさまは堂々としているように見え、ちょっと威圧されてしまいそうな感じもします。でも、じつはそれは勘違いで、いきなりタバコを吸いはじめる行動は「劣勢」を意味する場合が多いのです。なぜなら、タバコを吸い出す行動は「余裕がない証拠」でもあるからです。

Bさんがタバコに手を伸ばしたのは、タバコを吸うことで余裕ある態度を演出できるからであり、裏を返せば、心に落ち着きがなく、緊張したり、あせっていたりする心理を示しています。つまり、Bさんは、余裕ある態度をとって自分を大きく見せるための小道具として、タバコを使ったということになります。

さらに、タバコの吸い方で、もっと相手の本音に迫ることができます。

Bさんはタバコを吸いはじめたあと、立てつづけに二本吸いましたが、じつはこれ、彼が内心ではかなり不安を抱えているという証拠ともとらえられるのです。つまり、彼はプレッシャーに弱く、そのときはかなり神経質にならざるをえない心理状態に追い込まれていたと考えられるわけです。

ですから、もしCさんがこのことを知っていれば、余裕をもって商談に臨めばよいわけで、心理的にも優位に立てることになります。

このように、精神安定剤的な役割を果たしているタバコですが、それは裏を返せば、その人がタバコに依存せざるをえない精神状態にあるともいえるのです。人に相対しているときにタバコを吸うことは、はからずも不安定な気持ちをあからさまにしてしまうことにもなりかねないので、喫煙者は気を付けなければなりません。

タバコを吸い出した相手の「劣勢状態」を読めれば、こちら側は優位に立つことができる

## ●タバコの吸い方で相手の心理がわかる

タバコには精神安定剤的な役割もあるが、たとえば初対面の相手が急にタバコを吸い出した場合、その人は緊張して精神的な余裕を失っていると考えられる。タバコを吸うことで“間”をとり、劣勢状態を回復しようとしているのだ。

## つねに利き手でグラスをもつ人は▼▼▼▼リスク回避をまず優先する

広告代理店に勤めるCさんは、取引先の人を接待するのも大切な仕事。彼にとっては、お酒の席はただ接待するだけのものではなく、相手のおおよその性格や考え方などを把握する絶好のチャンスでもあります。

ところがCさんは、初対面の相手であっても、なんとグラスの持ち方でその人の性格の傾向がわかるといいます。

今日会った取引先の相手Dさんは、つねに利き手の右手だけでグラスをもっていました。Cさんはそれを見て、「攻撃的で、物事の失敗を嫌うタイプの人かも」と推測しました。「失敗をしたくない」という心理が、無意識のうちに利き手でグラスをもたせているというのです。

一方、その隣に座っているDさんの部下E子さんは、なぜかずっとグラスをもちつづけていて、飲み干して空になってもそれを離そうとしません。その様子を見た

Cさんは、「この人は案外マイペースだろう」と感じ取りました。こういうタイプの人は、どちらかというと自己中心的な傾向があり、周囲にあまり関心のない人が多いようです。

完璧主義者の上司Dさんと、マイペースの部下E子さん。この上司と部下の組み合わせは、正直なところ、あまりうまくいかないこともありうるだろうとCさんは思いました。

Dさんは自分がきっちりしている分、ルーズな人を嫌うはず。一方、E子さんのようなタイプはいくら注意されても細かいところまでは気を配れません。Dさんがいくら E子さんを怒っても、まさに〝暖簾《のれん》に腕押し〟になる可能性が高いとCさんは読んだのです。

ただし、マイペースのE子さんは翌日には怒られたことすら忘れていることも多いはずなので、それはそれで打たれ強く、衝突しないですむかもしれないともCさんは感じていました。

そこでCさんは、Dさんに対しては事細かなスケジュールまでをきっちりと提案する一方で、E子さんには各段階ごとに、その都度予定を示しておくようにしたそうです。

このように、酒の席でのグラスの持ち方からも相手の心理を推し量ることはできるようですが、酒に関しては、さらに、行きつけの店の種類からも、その人の性質を知ることができるといいます。

たとえば、自宅での晩酌を好む人は「公私を分別するマイペースなタイプ」、何軒もはしご酒をする人は「さびしがり屋」という分析には納得する人も多いのではないでしょうか。

後者の場合は〝帰宅拒否〟というケースもありえますが、やはりそれも、さびしがり屋の一種といえるでしょう。

このほか、女性が多い店に行きたがる人は「ほめられ好き」、一人でバーなどに行く人は、人あたりはそれなりによいものの、密な人付き合いは苦手な傾向があるともいわれています。

# 歴史小説を好んで読む人は▼▼▼▼出世願望は強いが現実逃避の傾向

ある会社の喫煙コーナーで、数人の社員が雑談していました。話題は、自分がよく読む本のカテゴリーについてです。意識的にさまざまな種類の本を読む人もいますが、実際には偏《かたよ》りがちなものです。そこで、どんな本をよく読むのかでその人の性格傾向を見きわめてみましょう。

まずＡさんが、「俺は偉人伝やサクセスストーリーをよく読むね」と口火を切りました。この手の本をよく読む人は、自分の仕事に活かせるような成功の秘訣を知りたいと考えている人が多いようです。たとえば、天下取りを成し遂げた徳川家康の考え方や家来の使い方、また、ピンチでの対応の仕方などは、時代は違っても参考になる点が多いといいます。

また、かつて活躍した偉人の人生に自分自身をなぞらえることもあるはずで、上昇志向が強い企業創業者が偉人伝を好んで読む傾向が高いといわれるのも、そのあらわれといえるでしょう。その一方で、自らのサクセスストーリーをなかなか実現できない人にとっても、それを読むことで欲求不満を解消する意味があるのかもしれません。

これに関連して、歴史小説好きの人はロマンチックな面があり、出世願望は強いものの、実際にはいまひとつ仕事が振るわない人もいます。その人は、やや現実逃避の傾向があるということかもしれません。

次に、「わたしはベストセラーを欠かさず読むわね」と言ったB子さんは、世間の流行に敏感ではあるものの、それだけ周囲に流されやすく、主体性に乏しい人ともいえます。ただ、相手に同調することを得意とする傾向があるので、接客業などに向いています。

三人めのCさんは「やっぱりおもしろいのは週刊誌！」と鼻をうごめかしました。彼は好奇心旺盛で、外向的なタイプ。人脈も広く、社会的関心も高いはずです。ある意味、彼こそごく現実的な人といえるでしょう。

そして、「やはり、ビジネスマンにはビジネス書にかぎるよ」と、みんなの意見に割って入るように断言したのがDさんでした。

たしかに、この手の本はビジネスマンが読むべき本ですが、これを好む人には、短絡的で視野が狭い人が少なくないのも事実。Ｄさんは、目先のことばかりにとらわれすぎるタイプとも考えられます。

最後に、みんなから促されたＥさんは、頭をかいて「マンガかなあ……」と答えました。マンガは比較的幅広い世界が描かれていますから、それを受け入れられるＥさんは柔軟性に富んでいる人ともいえます。

ただ、マンガと一般的な本との違いは、マンガはあくまで視覚に訴えているということ。そのため、マンガばかりを読む人は、自分なりのイメージを想像しなくなる傾向があることは否定できないでしょう。

このように、好きな本の種類によって、読む人の性格の傾向は異なります。仕事における交渉の席においても、さりげなく相手に本の話題を振り、その人の傾向を見きわめてみてはいかがでしょうか。

## 酒が入ると人が変わってしまう人は ▼▼▼▼ じつは根がまじめ

酒の席での失敗といえば、誰でも一つや二つはもっているのではないでしょうか。アルコールが入ると緊張が緩んでついハイになったり、上司に対して大きな態度でしゃべったりするものです。だからといって、それがゆきすぎて上司のことを呼び捨てにした挙句、「ハゲ田」「鬼田」などとののしっては翌日がたいへんですが……。ところがなんと、酒を飲んだときの酔い方から、その人の性格をうかがい知ることができるといいます。

酒の酔い方には大きく分けて、酔うと人柄が変わるタイプと、いくら酔ってもふだんどおりのままという二つのタイプに分けられます。

このうち、酔うとハイになったり、笑い上戸《じょうご》、泣き上戸、説教するなどのような人柄が変わってしまうタイプは、じつは根がまじめな人が多く、**ふだん理性的にしている分、アルコールが入るとその反動で本音を吐き出してしまう**のだといいます。

## ●酔い方でわかるその人の本性

酒を飲んだとき、酔うと人柄が変わるタイプと、ふだんとあまり変わらないタイプの人がいる。このうち、前者は基本的に根がまじめで、酔うことで理性がはじけしまう。後者は警戒心が比較的強く、酔いつぶれて自分をさらけ出すことを避けようとする心理が働いているものと考えられる。

酒が入ったとたん、日頃の鬱憤を一気に噴出してしまう人は、根がまじめな性格

つまり、酒の力を借りることで、自分でも気付かない日頃の鬱憤《うっぷん》を晴らしているわけです。

次に、**やたら自慢話をはじめるのは、比較的コンプレックスが強い人**です。その裏返しとして、お酒が入るとつい自慢話を並べてしまうのでしょう。

このように、人は酔うと、その人の本音が出てしまうものですが、なかにはいつもと変わらない態度の人もいます。

もちろん、酒に強くてまだまだ飲み足りないのかもしれませんが、顔が赤くなっているのにいつもと同じ態度という場合は、じつは警戒心の強い人といえます。飲みの席ような、ある意味無礼講の席でも、本当の自分を見せることを潜在的に拒んでいるのです。このタイプの人は自制心は強くとも、強情で頑固な一面をもっているため、枠を外れるようなパワーに欠けるきらいがあります。もちろん、有能な人もたくさんいますが、やや小さくまとまってしまうことも多いようです。

なお、ふだんからハチャメチャで底意地の悪い上司が、アルコールを飲むとさらに輪をかけて……というのは、言うまでもなく救いようはないでしょう。これはある意味、どこまでいっても自分本位な性格をもった〝本性〟なのですから。

# 初対面のとき、両手で握手をする人は▼▼▼▼情熱家で、人の話を聞いてくれる

ビジネスマンが成長するために、職種という垣根を取り払った会合やパーティ、あるいは研究会などがあちこちで開かれる時代となっています。意欲のある人は、そんな集まりに積極的に参加しているに違いありません。

そんなとき、初対面の人との会話にとまどいを覚えることがあるかもしれません。たしかに、名刺で仕事や肩書を知ることはできます。それに、相手の仕事の内容などを突っ込んでたずねることもできるでしょう。ただ、相手の触れられたくない領域に立ち入ったりして不快にさせるかもしれないという遠慮も、どこかにあるのがふつうでしょう。

そんなときは、初対面で「握手」をすることをおすすめします。**手のひらを通じてのコミュニケーションというのは、思いがけない効果を発揮する**ものです。たとえば、欧米では手のひらを高く掲げて正面に向け、宣誓をします。これは、日本の

高校野球の選手宣誓などに取り入れられるほど一般化しています。「あいさつ」の握手もその延長で、手のひらを合わせることで信頼関係を結ぼうという意思を相手に示すものなのです。

そんな握手で、あなたの差し出す右手を両手で包むようにして握る握手をする人がいたら、まずその人と話し込んで新しい人間関係の一歩を踏み出すといいでしょう。**両手で握る握手をする人は、たいていが情熱家**です。あなたに会えてうれしいという感情を、表に出さずにはいられないタイプで、多少トンチンカンな質問であっても、嫌がらずていねいに答えてくれる熱意をもっています。

右手で握手しながら左手で肩を抱いたりするのも同じタイプですが、政治家などにはポーズとしてこんな握手をすることも多く、とりあえず円満な雰囲気で対話がスタートできるという保証のようなものです。

アメリカのアイオワ大学でおこなわれた調査によると、就職面接の際、面接官としっかりと固い握手をした就職希望者が採用となる確率は、弱い握手の者より数段も高かったという結果が出ているといいます。初対面の人と、よい関係を結ぶためにも、握手の効用を大いに利用するといいかもしれません。

## ●両手の握手で相手に伝えられるもの

初対面で両手で握手をしてくる人は、ほぼ“情熱家”タイプと推測できる。このタイプの人は、嫌がらずに相手の話を聞いてくれることが多いので、むしろ積極的に信頼関係を結んでおいたほうがよい。

両手による握手は、「相手に好印象を与える」ときの“ワザ”としても大いに利用できる

## タバコをグイグイ押し付けて消す人は▼▼▼▼理性的で規則重視

スポーツ用品メーカーの社員であるGさんは、小売りチェーン店の関係者を二人一緒に接待することになったとき、店選びに悩みました。営業マンなら、日頃から趣味や食事の好みなどを調査済みなのは当然なのですが、新しく取引をお願いしているところなので、付き合いはそれほど深くありません。

大学の体育会出身の彼は、スポーツマンらしい潔さを発揮し、好みの店をダイレクトにたずねてみました。すると、「じつは二人ともタバコを吸うので、気をつかわずにタバコが吸えるなら、イタリアンでも料亭でもどこでも」という返事。あちこちで禁煙店が増えている現実が、二人には身にしみていたのでしょう。

Gさんがそれなりの名店ガイドを見てみると、たしかに「喫煙不可」マークの付いた店がけっこうありました。そこで、タバコが吸える個室のある中国料理店を選びました。二人はそれをとても喜んでくれ、和やかな宴席になりました。その席で

Gさんは、二人のタバコの消し方の差に目をとめることになります。自身はタバコを吸わないのでこれまで気にもとめなかったことが、あえて喫煙できる店と指定されたことで、Gさんにタバコへの関心を抱かせたのです。

二人のうち上司にあたるほうは、タバコを灰皿にグイグイ押し付けて消します。しかし、部下にあたるほうの人は、タバコを折り曲げるようにして消していました。この違いは何なのでしょうか。

グイグイ押し付けて消す上司は、意志が強くて目的を達するまで粘る気質と考えられます。ただ、何事も規則重視のため、他人の言動にイラつくこともありますが、公私を分け、理性でそれをコントロールできる大人といえます。

一方、タバコを折り曲げて消すのは、短気な面はあるものの、自由で柔軟な発想のできる気質の人が示すものです。この手の人は、組織内でもよく力を発揮するため、上司に目をかけられることも多くなります。Gさんとの接待に同席させたのも、そのためかもしれません。上司の理性というサポートで、このとき接待した二人のコンビはうまくいっていそうです。Gさんにとっては、よい取引先となる可能性があることがわかった、有意義な接待だったといえるでしょう。

『相手の心の中が怖いくらいわかる「言葉の魔術」』樺旦純（三笠書房）
『怖いくらい人を動かせる心理トリック』樺旦純（三笠書房）
『仕事・恋愛・人間関係　心理分析ができる本』齊藤勇（三笠書房）
『しぐさの人間学』野村雅一（河出書房新社）
『その人の性格を一目で知る方法』田村正晨（河出書房新社）
『図解雑学 深層心理』渋谷昌三（ナツメ社）
『心理学入門』久能徹・松本桂樹監修（ナツメ社）
『なぜか人に好かれる人、嫌われる人』樺旦純（日本文芸社）
『人を見抜く心理術』多湖輝（日本文芸社）
『人を見抜く知恵』門脇尚平（日本実業出版社）
『つい、そうしてしまう心理学』深堀元文編著（日本実業出版社）
『心理学のすべてがわかる本』深堀元文編著（日本実業出版社）
『ビジネス版 人間の読み方 見せ方』石川弘義（廣済堂出版）
『図解 見た目で人はわかる！』津田秀樹（宝島社）
『心理学 人間行動の基礎的理解』増田末雄他（福村出版）
『「口癖ひとつ」でその人がわかる』渋谷昌三（新講社）
『しぐさでわかる人間診断』志賀貢（産報出版）
『心理学の教科書』髙橋美保（明日香出版）
『第一印象で得する人 損する人』浅野八郎監修（青春出版社）
『「あの人は何を考えているのか」が面白いほど分かる本』内藤誼人（光文社）

## 【参考文献】

以下の文献を参考にさせていただきました。

『しぐさと心理のウラ読み事典』匠英一監修（PHP 研究所）

『図解 しぐさと心理のウラ読み事典』匠英一監修（PHP 研究所）

『相手のホンネまるわかり「言葉のウラ」を読む技術』浅野八郎監修（PHP 研究所）

『図解 言葉のウラを読む事典』浅野八郎監修（PHP 研究所）

『外見だけで人を判断する技術 実践編』渋谷昌三（PHP 研究所）

『すぐ使える！心理学』渋谷昌三（PHP 研究所）

『心理学［第２版］』鹿取廣人・杉本敏夫編著（東京大学出版会）

『【決定版】人を見抜く 107 のヒント』国司義彦（こう書房）

『実践 心理トリック』匠英一監修（永岡書店）

『「外見・しぐさ」で相手の心理を読む技術』富田隆監修（永岡書店）

『イラストでわかる やさしい心理学』匠英一監修・山本峰規子絵（成美堂出版）

『１分間「人間鑑定」術』摩耶（成美堂出版）

『しぐさの心理学』美堀真利（成美堂出版）

『青木流 人間鑑定図鑑』青木雄二（講談社）

『キーワードコレクション 心理学』重野純編（新曜社）

『なぜ電車の席は両端が人気なのか』本明寛（双葉社）

**監修　匠 英一（たくみ・えいいち）**
1955年和歌山県生まれ。デジタルハリウッド大学デジタルコミュニケーション学部教授。東京大学大学院教育学研究科を経て、東京大学医学部研究生修了。90年に㈱認知科学研究所を設立、教育・経営心理のコンサルタント業務を展開する。現在は教授職の傍ら、㈱人材ラボ（上席研究員）、㈱ミリオネット（非常勤取締役）、見える化経営協会（会長）他にてコンサル業務を兼務している。おもな著書・監修書は『「心理学」の基本と実践テクニック』（フォレスト出版）、『他人の心理が裏のウラまで読める本』（青春出版社）、『「しぐさと心理」のウラ読み事典』（PHP研究所）など多数。また、認知科学の専門家として、TVレギュラー出演やマスコミ取材など多方面で活躍中。

しぐさで見抜く相手のホンネ
発行日　2008年9月30日　第1刷
　　　　2010年5月20日　第6刷

監　修　匠 英一

発行者　久保田榮一
発行所　株式会社扶桑社
〒105-8070　東京都港区海岸1-15-1
TEL.(03)5403-8859(販売)　TEL.(03)5403-8870(編集)
http://www.fusosha.co.jp/

印刷・製本　　　共同印刷株式会社
装丁・デザイン　竹下典子
イラスト　　　　山下以登


ISBN978-4-594-05738-1
Printed in Japan(検印省略)
定価はカバーに表示してあります。